기초학력 향상을 위한
눈으로 보는 수학

학생용 LEVEL 2

김선아 저

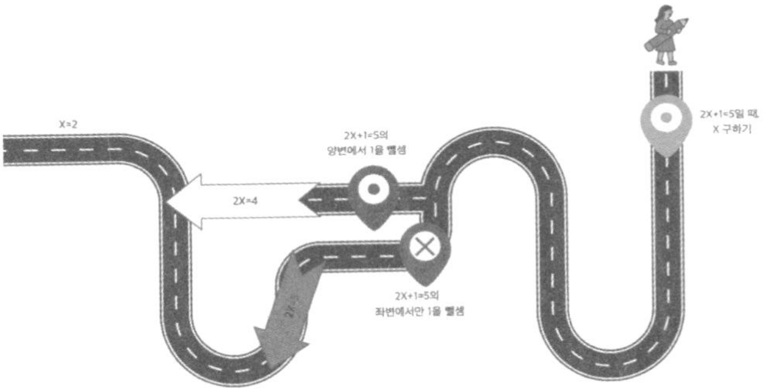

학지사

머리말

최근 보고된 국제 학업 성취 검사(Programme for International Student Achievement: PISA) 결과에 따르면, 우리나라 중학교 3학년의 수학 성취 수준은 OECD 국가들 중 단연 으뜸 그룹에 속합니다. 우리나라 수학교육의 교수 방법과 수학 교육 자료에 국제적인 관심이 지속적으로 증가하는 것은 당연한 일이라 생각됩니다.

국외에 거주하는 저자는 '한국인이기 때문에 수학을 잘할 것'이라는 주변 사람들의 '편견' 때문에 간혹 당황하는 일이 있습니다. 전체 학생의 평균 성취 수준이 높다는 것은 모든 학생이 수학을 잘한다는 것을 의미할까요? 국제 학업 성취 검사 결과에 따르면, 우리나라는 OECD 국가 중 상위권에 속하는 학생들과 하위권에 속하는 학생들 간의 수학 성취 수준 차이가 가장 심한 나라 중 하나입니다. 이것은 상위권에 있는 학생들은 국제 사회의 또래들에 비해 수학을 월등히 잘하는 반면, 하위권 학생들은 다른 나라의 하위권 학생만큼 수학 공부에 어려움을 겪는다는 것으로 해석될 수 있습니다. 결국 하위권 학생들의 수학 학습 증진을 위해서는 일반 수학 교수 외에 별도의 중재가 필요하다는 것을 의미하기도 합니다. 실제로, 수학 수업 시간에 교사가 학생들의 평균 성취 수준에 맞춰 교수를 할 경우, 하위권 학생들의 수준과 교수 수준 간 차이가 크므로 일반 수학 교육 현장에서 하위권 학생들의 수학 학습이 이루어지기는 쉽지 않을 것 같습니다.

한편, 우리나라의 교육 시장에는 상위권인 학생들과 상위권을 목표로 하는 학생들을 위한 '수준 높은' 수학 교수 지침서 및 학습 교재가 정말 많습니다. 반면에 수학 성취 수준이 낮은 학생들의 학습을 도와줄 수 있는 교수 지침서나 학습 교재는 그다지 많지 않은 것 같습니다. 특별히 온라인 비대면 수업이 수업의 한 형태로 자리 잡고 있는 요즘, 수학 학습에 어려움이 있는 학생들을 위해 수학에 전문적인 지식이 없는 사람도 가르칠 수 있는 교수 지침서나 학습 자료가 절실히 필요합니다.

『눈으로 보는 수학』은 일반 수학 교육만으로는 수학 학습이 어려운 학생들을 위해 수학 중재 연구자가 개발한 차별화된 맞춤형 수학 교수 지침서 및 학생용 학습지입니다. 저자가 겪은 현장에서의 경험과 국내외 연구들을 통해 수학 능력 향상에 효과적임이 입증된 증거 기반 교수 방법(evidence-based instructional methods)을 사용하여, 수학 교사나 전문가뿐 아니라 수학에 전문적인 지식이 없는 사람도 쉽게 교수할 수 있도록 핵심 수학 기술과 문제 해결 과정을 단계별로 명확하게 설명하려 했습니다.

이 책에서 집중적으로 다루고 있는 수와 연산, 문자와 식 영역은 중 · 고등학교에서 배우는 수학 기술의 기본 토대라 할 수 있습니다. 초등 6학년부터 중학생 또는 고등학생까지, 중 · 고등 수학 기술의 이해와 학습을 위해 수와 연산, 문자와 식의 기초를 강화할 필요가 있는 학생이라면 누구나 『눈으로 보는 수학』으로 중재 지원할 수 있습니다.

『눈으로 보는 수학』은 대면 수업이나 온라인 비대면 수업 시 가정에서 학교 수업을 보충하고자 할 때, 통합 학급에서 보충 또는 기초 능력 강화 교수를 할 때, 학교 밖의 학습 종합 클리닉 센터와 개별 인지 학습 치료 센터에서 수학 중재를 할 때 사용하실 수 있습니다. 수학 학습 부진 때문에 자신감을 잃은 학생들에게 『눈으로 보는 수학』이 자신감 회복으로의 징검다리 역할을 할 수 있길 소망합니다.

책의 필요성과 내용에 대한 아이디어를 주고, 수정을 위한 예비 연구에 참여해 준 가르침의 현장에서 만난 아이들에게 감사를 표합니다. 수학 개념과 절차를 점검해 주시고 조언해 주신 김성철 님과, 원고의 정확성을 점검해 준 김하은 님, 정지민 님께 특별한 감사를 드립니다. 끝으로, 이 책을 출판할 수 있도록 도와주신 학지사 김진환 사장님, 볼품없던 초고부터 인내와 수고로 섬겨 주신 편집부 김준범 부장님과 편집부 여러분께 진심으로 감사드립니다.

『눈으로 보는 수학』에서 다루는 주요 수학 기술

중재 수준	차시	주요 수학 기술
Level 1.1	1단계 1차시	소수를 분수로 나타내기
	1단계 2차시	분수를 소수로 나타내기
	1단계 3차시	자연수와 분수의 나눗셈–수막대 모델
	1단계 4차시	진분수와 진분수의 나눗셈–수막대 모델
	1단계 5차시	자연수와 분수의 나눗셈–역수 이용
	1단계 6차시	분수와 분수의 나눗셈–역수 이용
	1단계 7차시	소수점의 위치가 같은 소수의 나눗셈–분수 이용
	1단계 8차시	소수점의 위치가 다른 소수의 나눗셈–분수 이용
	1단계 9차시	소수의 나눗셈–세로셈 방법
Level 1.2	1단계 10차시	비의 뜻
	1단계 11차시	비율의 뜻
	1단계 12차시	백분율 구하기
	1단계 13차시	분수와 소수를 백분율로 나타내기
	1단계 14차시	전체–부분 관계를 이용하여 기준량과 비교하는 양 구하기
	1단계 15차시	등식의 의미와 방정식 만들기
	1단계 16차시	등식의 성질을 이용하여 방정식 풀기
Level 2.1	2단계 1차시	거듭제곱의 뜻
	2단계 2차시	소인수분해의 뜻을 이해하고 구하기
	2단계 3차시	소인수분해 이용하여 최대공약수 구하기
	2단계 4차시	소인수분해 이용하여 최소공배수 구하기
Level 2.2	2단계 5차시	양의 정수와 음의 정수
	2단계 6차시	유리수의 뜻과 유리수의 대소 비교

	2단계 7차시	정수와 유리수의 덧셈
	2단계 8차시	덧셈의 교환법칙과 결합법칙
	2단계 9차시	정수와 유리수의 뺄셈
	2단계 10차시	유리수의 덧셈과 뺄셈의 혼합계산
Level 2.3	2단계 11차시	정수와 유리수의 곱셈
	2단계 12차시	정수와 유리수의 나눗셈
	2단계 13차시	곱셈의 교환법칙과 결합법칙을 이용한 곱셈 계산
	2단계 14차시	덧셈에 대한 곱셈의 분배법칙
	2단계 15차시	유리수의 혼합계산
Level 2.4	2단계 16차시	문자를 사용한 식
	2단계 17차시	문자를 사용한 곱셈식 간단히 나타내기
	2단계 18차시	문자를 사용한 나눗셈식 간단히 나타내기
	2단계 19차시	식의 값
	2단계 20차시	일차식과 수의 곱셈
	2단계 21차시	일차식과 수의 나눗셈
	2단계 22차시	계수가 정수인 일차식의 덧셈과 뺄셈
	2단계 23차시	계수가 유리수인 일차식의 덧셈과 뺄셈
	2단계 24차시	일차방정식과 그 해
	2단계 25차시	등식의 성질을 이용하여 일차방정식의 해 구하기
	2단계 26차시	이항을 이용하여 일차방정식의 해 구하기
Level 3.1	3단계 1차시	유한소수로 나타낼 수 있는 분수 찾기
	3단계 2차시	순환소수의 순환마디 나타내기
	3단계 3차시	순환소수를 분수로 나타내기

	3단계 4차시	지수법칙을 이용한 단항식의 곱셈
	3단계 5차시	지수법칙을 이용한 단항식의 나눗셈
	3단계 6차시	단항식의 곱셈
	3단계 7차시	단항식의 나눗셈
	3단계 8차시	단항식의 혼합셈
Level 3.2	3단계 9차시	문자가 2개인 일차식의 덧셈과 뺄셈
	3단계 10차시	이차식의 덧셈과 뺄셈
	3단계 11차시	단항식과 다항식의 곱셈을 포함하는 식의 덧셈과 뺄셈
	3단계 12차시	다항식과 단항식의 나눗셈을 포함하는 식의 덧셈과 뺄셈
	3단계 13차시	다항식과 다항식의 곱셈
	3단계 14차시	다항식의 거듭제곱-곱셈 공식 1
	3단계 15차시	둘째 항의 부호만 반대인 두 다항식의 곱-곱셈 공식 2
	3단계 16차시	두 다항식의 곱셈-곱셈 공식 3
	3단계 17차시	두 다항식의 곱셈-곱셈 공식 4
Level 3.3	3단계 18차시	주어진 식의 문자에 다른 식 대입하기
	3단계 19차시	등식의 변형-등식을 한 문자에 대해 풀기
	3단계 20차시	미지수가 2개인 일차방정식의 해 구하기
	3단계 21차시	연립방정식의 해 구하기 1-대입법
	3단계 22차시	연립방정식의 해 구하기 2-가감법
	3단계 23차시	주어진 수 대입하여 부등식의 해 구하기
	3단계 24차시	일차부등식의 풀이
	3단계 25차시	연립일차부등식의 풀이

『눈으로 보는 수학』 사용 방법

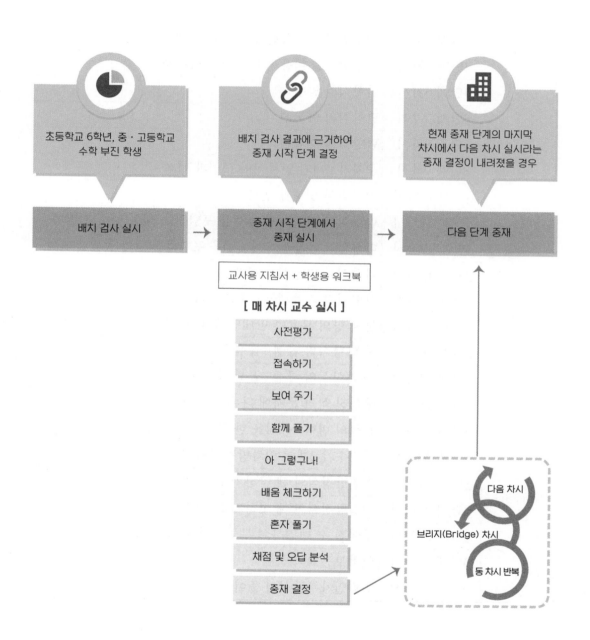

초등학교 6학년, 중 · 고등학교 수학 부진 학생

배치 검사 실시 →

배치 검사 결과에 근거하여 중재 시작 단계 결정

중재 시작 단계에서 중재 실시 →

교사용 지침서 + 학생용 워크북

[매 차시 교수 실시]

- 사전평가
- 접속하기
- 보여 주기
- 함께 풀기
- 아 그렇구나!
- 배움 체크하기
- 혼자 풀기
- 채점 및 오답 분석
- 중재 결정

현재 중재 단계의 마지막 차시에서 다음 차시 실시라는 중재 결정이 내려졌을 경우

다음 단계 중재

차례

머리말 3

『눈으로 보는 수학』에서 다루는 주요 수학 기술 5

『눈으로 보는 수학』 사용 방법 8

1차시 거듭제곱의 뜻 ·········15

2차시 소인수분해의 뜻을 이해하고 구하기 ·········27

3차시 소인수분해 이용하여 최대공약수 구하기 ·········45

4차시 소인수분해 이용하여 최소공배수 구하기 ·········59

5차시 양의 정수와 음의 정수 ·········73

6차시 유리수의 뜻과 유리수의 대소 비교 ·········87

7차시 정수와 유리수의 덧셈 ·········107

8차시 덧셈의 교환법칙과 결합법칙 ·········119

9차시 정수와 유리수의 뺄셈 ·········131

10차시 유리수의 덧셈과 뺄셈의 혼합계산 ·········145

11차시 정수와 유리수의 곱셈 ·········157

12차시 정수와 유리수의 나눗셈 ·········167

13차시 곱셈의 교환법칙과 결합법칙을 이용한 곱셈 계산 ·········179

14차시 덧셈에 대한 곱셉의 분배법칙 ·········195

15차시 유리수의 혼합계산 ·········209

16차시 문자를 사용한 식 ·········223

17차시 문자를 사용한 곱셈식 간단히 나타내기 ·········239

18차시 문자를 사용한 나눗셈식 간단히 나타내기 255

19차시 식의 값 271

20차시 일차식과 수의 곱셈 285

21차시 일차식과 수의 나눗셈 299

22차시 계수가 정수인 일차식의 덧셈과 뺄셈 313

23차시 계수가 유리수인 일차식의 덧셈과 뺄셈 327

24차시 일차방정식과 그 해 343

25차시 등식의 성질을 이용하여 일차방정식의 해 구하기 355

26차시 이항을 이용하여 일차방정식의 해 구하기 369

Level 2

1차시

거듭제곱의 뜻

사전평가(1~7)

다음 값을 계산하시오.

1. $6 \times 6 \times 6 =$

2. $3^5 =$

다음을 거듭제곱을 사용하여 나타내시오.

3. $3 \times 3 =$

4. $6 \times 6 \times 6 =$

5. $2 \times 2 \times 7 \times 7 \times 7 =$

6. $2 \times 2 \times 3 \times 3 \times 3 =$

7. $5 \times 5 \times 3 \times 7 \times 7 =$

보여 주는 문제(1~3)

다음을 계산하시오.

❶ $3 \times 3 \times 3 \times 3$

1. 1단계: 밑 확인하기
   - $3 \times 3 \times 3 \times 3$에서 밑은 3이다.

2. 2단계: 지수 확인하기
   - $3 \times 3 \times 3 \times 3$에서 3은 4번 반복적으로 곱해졌으므로 지수는 4이다.

3. 3단계: 거듭제곱꼴로 나타내기($\square^{♡}$ = 밑^{지수})
   - $3 \times 3 \times 3 \times 3$의 거듭제곱꼴은 3^4이다.

4. 4단계: 곱셈으로 거듭제곱수를 연결하기
   - 포함된 거듭제곱이 3^4뿐이므로 3^4이 답이다.

❷ 4×4

1. 1단계: 밑 확인하기

- 4×4에서 반복해서 곱해진 수는 4이므로 밑은 4이다.

2. 2단계: 지수 확인하기

- 4×4에서 4가 2번 곱해졌으므로 지수는 2이다.

3. 3단계: 거듭제곱꼴로 나타내기($\square^{♡}$ = 밑^{지수})

- 4×4의 거듭제곱꼴은 4^2이다.

4. 4단계: 곱셈으로 거듭제곱수를 연결하기

- 포함된 거듭제곱은 4^2뿐이므로 4^2이 답이다.

❸ $5 \times 5 \times 5 \times 2 \times 2$

1. 1단계: 밑 확인하기

- $5 \times 5 \times 5 \times 2 \times 2$에서 반복적으로 곱해진 수는 5와 2 두 개이므로 5와 2가 밑이다.

2. 2단계: 지수를 확인하기

- 5는 3번 곱해졌으므로 5의 지수는 3이다.
- 2는 2번 곱해졌으므로 2의 지수는 2이다.

3. 3단계: 거듭제곱꼴로 나타내기

- 5는 3번 곱해졌으므로 ☐ ♡ = 5^2이다.
- 2는 2번 곱해졌으므로 ☐ ♡ = 2^2이다.

4. 4단계: 곱셈으로 거듭제곱수를 연결하기

- $5 \times 5 \times 5 \times 2 \times 2 = 5^3 \times 2^2$

함께 풀어 보는 문제(1~3)

다음을 거듭제곱으로 나타내시오.

1) $5 \times 5 \times 5 \times 5$

2) $4 \times 4 \times 5 \times 5$

3) $3 \times 3 \times 5 \times 5 \times 5 \times 11 \times 11$

선생님과 함께 문제를 푸는 동안 문제 풀이를 아래에 적어 보시오.

❶ $5 \times 5 \times 5 \times 5$

1. 1단계: 밑 확인하기–반복하여 곱해진 어떤 수

2. 2단계: 지수 확인하기–어떤 수가 반복하여 곱해진 횟수

3. 3단계: 거듭제곱꼴로 나타내기– □ ♡

4. 4단계: 곱셈으로 거듭제곱수를 연결하기

❷ $4 \times 4 \times 5 \times 5$

1. 1단계: 밑 확인하기-반복하여 곱해진 어떤 수

2. 2단계: 지수 확인하기-어떤 수가 반복하여 곱해진 횟수

3. 3단계: 거듭제곱으로 나타내기-□♡

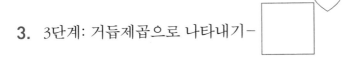

4. 4단계: 곱셈으로 거듭제곱수를 연결하기

3 $3 \times 3 \times 5 \times 5 \times 5 \times 11 \times 11$

1. 1단계: 밑 확인하기–반복하여 곱해진 어떤 수

2. 2단계: 지수 확인하기–어떤 수가 반복하여 곱해진 횟수

3. 3단계: 거듭제곱꼴로 나타내기– $\square^{\heartsuit}$

4. 4단계: 곱셈으로 거듭제곱수를 연결하기

아 그렇구나! (1~3)

❶ $2 \times 2 \times 5$는 왜 혼동되는 문제입니까?

이 문제에서 2는 2번 곱해졌으므로 밑이 2이고 지수가 2인 거듭제곱꼴 2^2으로 나타낼 수 있는데, 5는 1번만 곱해졌으므로 거듭제곱꼴로 나타낼 수가 없어서 혼동할 수 있습니다. 이런 경우는 거듭제곱꼴인 2^2에 5를 곱해 주면 됩니다. $2 \times 2 \times 5$의 거듭제곱꼴은 $2^2 \times 5$입니다.

❷ $(-1) \times (-1) \times (-1) \times (-1)$은 왜 혼동되는 문제입니까?

음의 부호를 가진 정수 (-1)이 4번 곱해졌으므로 밑에 (-1)을 쓰고 지수에 4를 써서 $(-1)^4$으로 써 줘야 하는데, -1^4으로 혼동하는 경우가 있습니다. $(-1)^4$은 1이고 -1^4은 -1입니다.

❸ $3 + 3 + 3 + 3$은 왜 혼동되는 문제입니까?

거듭제곱의 의미는 같은 수가 반복적으로 곱해진 수를 말합니다. 이 식은 같은 수가 반복적으로 더해진 수입니다. 거듭제곱의 의미를 정확하게 이해하지 못한 경우, $3 + 3 + 3 + 3$을 3^4으로 혼동하는 경우가 있습니다. $3 + 3 + 3 + 3 = 3 \times 4 = 12$입니다.

배움 체크하기

오늘 우리가 함께 공부한 것을 혼자서도 할 수 있는지 체크해 봅시다. 혼자서도 할 수 있으면 , 선생님의 도움이 더 필요하다면 ?에 동그라미로 표시하세요.

배움 체크 리스트		?
1. 거듭제곱은 어떤 수가 반복적으로 곱해진 수라는 의미를 이해합니다.		
2. 거듭제곱으로 나타낸 수의 값을 구할 수 있습니다.		
3. 거듭제곱은 밑과 지수로 나타낼 수 있음을 이해합니다.		
4. 밑은 반복적으로 곱해진 어떤 수를 의미함을 이해하고 곱셈식에서 밑을 찾을 수 있습니다.		
5. 지수는 어떤 수가 몇 번 반복적으로 곱해졌는지를 나타내는 수임을 이해하고 곱셈식에서 지수를 찾을 수 있습니다.		
6. 두 개 이상의 수가 반복적으로 곱해졌을 때, 지수와 밑을 찾을 수 있습니다.		
7. 두 개 이상의 수가 반복적으로 곱해졌을 때, 각 거듭제곱꼴을 곱셈으로 연결함을 이해하고 적용할 수 있습니다(예: $2^3 \times 5^4$).		

혼자 풀어 보는 문제(1~7)

오늘 배운 것을 기억하면서 문제를 혼자 풀어 보는 시간입니다. 내비게이션 2.1 을 사용하면 도움이 됩니다.

다음을 계산하시오.

1. $3^4 =$ ________________

2. $2^3 \times 3 =$ ________________

다음을 거듭제곱으로 나타내시오.

3. $3 \times 3 \times 3 \times 3 = \square^{\heartsuit} =$ ________________

4. $6 \times 6 \times 6 = \square^{\heartsuit} =$ ________________

5. $2 \times 2 \times 7 \times 7 \times 7 = \square^{\heartsuit} \times \square^{\heartsuit} =$ ______________

6. $2 \times 2 \times 3 \times 3 \times 3 = \square^{\heartsuit} \times \square^{\heartsuit} =$ ______________

7. $10 \times 10 = \square^{\heartsuit} =$ ______________

2차시

소인수분해의 뜻을 이해하고 구하기

사전평가(1~7)

다음 수의 약수를 구하시오.

1. 15 약수 ______________

2. 40 약수 ______________

다음 수를 소인수분해하시오.

3. $24 =$

4. $54 =$

5. $66 =$

6. $83 =$

7. $17 =$

보여 주는 문제(1~3)

사다리 방법으로 다음 자연수들을 소인수분해하시오.

1 20

1. 1단계: 사다리를 그린 후 오른쪽 1층에 소인수분해할 자연수를 써넣기

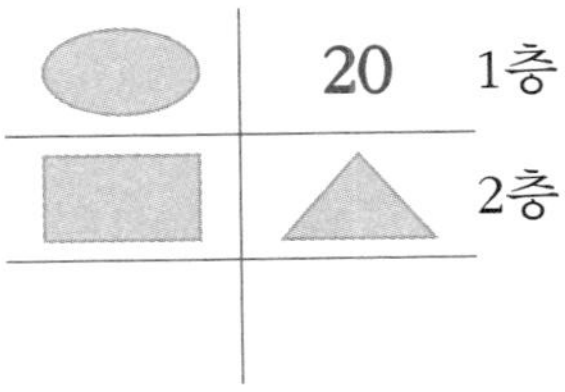

2. 2단계: 1층 자연수를 나눌 수 있는 가장 작은 소수를 1층 왼쪽 길에 써넣기

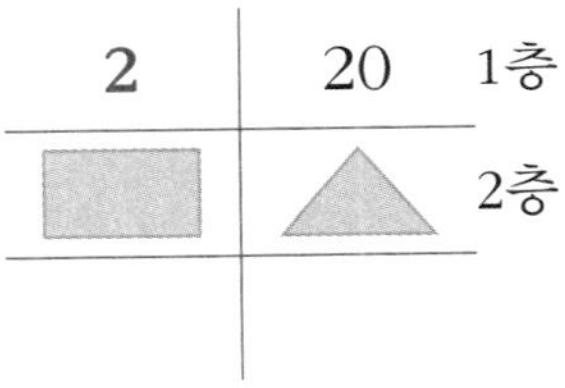

3. 3단계: 1층의 자연수를 1층의 소수로 나눈 몫을 2층 오른쪽 길에 써넣기

- 오른쪽 길의 몫이 더 이상 나눠지지 않는 소수이면 사다리 그리기를 중지하고 6단계로 이동하고, 소수가 아니면 4단계로 이동한다.

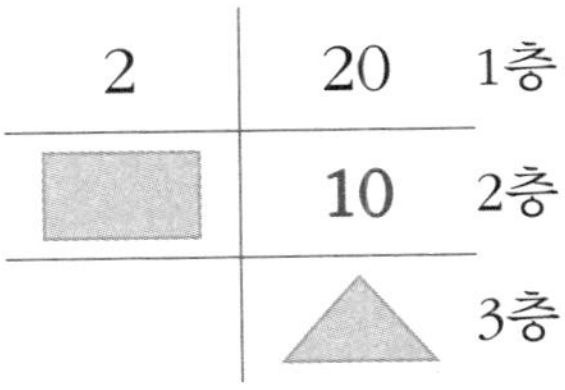

4. 4단계: 2층 오른쪽 길 자연수를 나눌 수 있는 가장 작은 소수를 2층 왼쪽 길에 써넣기

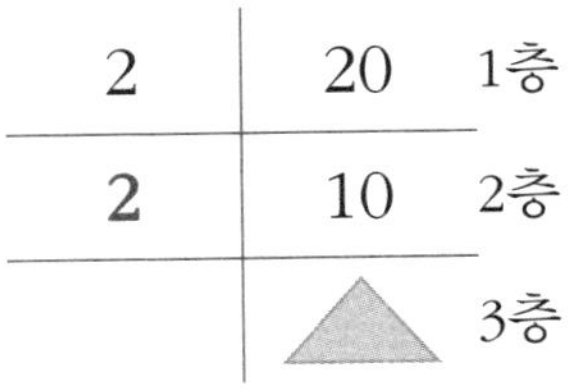

5. 5단계: 2층 오른쪽 길 자연수를 2층 왼쪽 길 소수로 나눈 몫을 3층 오른쪽 길에 쓰기

2	20	1층
2	10	2층
	5	3층

소수: 중지

- 오른쪽 길 몫이 더 이상 나눠지지 않는 소수이면 사다리 그리기를 중지하고, 소수가 아니면 4~5단계를 반복한다.

6. 6단계: 사다리가 끝나면 사다리 왼쪽 길에 있는 소수들과 오른쪽 마지막 층에 있는 소수를 곱하여 답하기

→ 20 = 2 × 2 × 5

2	20
2	10
	5

2 45

1. 1단계: 사다리를 그린 후 오른쪽 1층에 소인수분해할 자연수를 써넣기

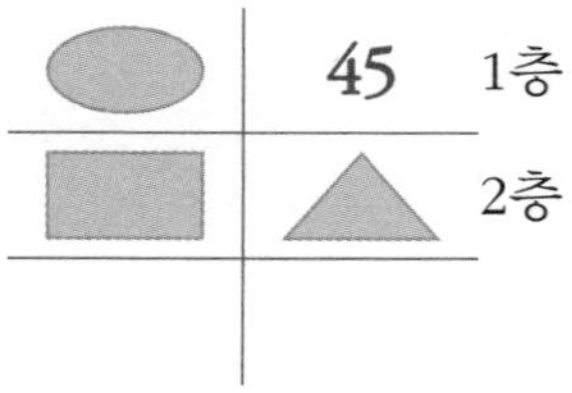

2. 2단계: 1층 자연수를 나눌 수 있는 가장 작은 소수를 1층 왼쪽 길에 써넣기

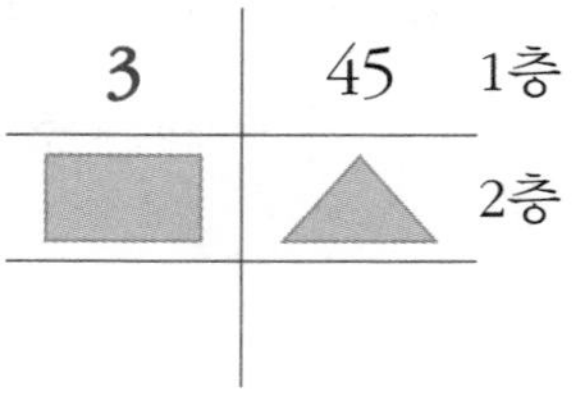

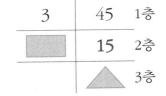

3. 3단계: 1층의 자연수를 1층의 소수로 나눈 몫을 2층 오른쪽 길에 써넣기

3	45	1층
□	15	2층
	△	3층

- 오른쪽 길 몫이 더 이상 나누어지지 않는 소수이면 사다리 그리기를 중지하고 6단계로 이동하고, 소수가 아니면 4단계로 이동한다.

4. 4단계: 2층 오른쪽 길 자연수를 나눌 수 있는 가장 작은 소수를 2층 왼쪽 길에 써넣기

3	45	1층
3	15	2층
	△	3층

5. 5단계: 2층 오른쪽 길 자연수를 2층 왼쪽 길 소수로 나눈 몫을 3층 오른쪽 길에 쓰기

3	45	1층
3	15	2층
	5	3층

소수: 중지

- 오른쪽 길 몫이 더 이상 나눠지지 않는 소수이면 사다리 그리기를 중지하고, 소수가 아니면 4~5단계를 반복한다.

6. 6단계: 사다리가 끝나면 사다리 왼쪽 길에 있는 소수들과 오른쪽 마지막 층에 있는 소수를 곱하여 답하기

→ $45 = 3 \times 3 \times 5$ ←

3	45
3	15
	5

❸ 105

1. 1단계: 사다리를 그린 후 오른쪽 1층에 소인수분해할 자연수를 써넣기

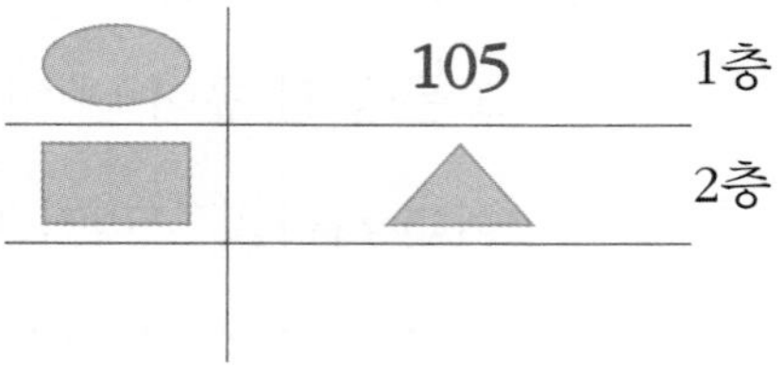

2. 2단계: 1층 자연수를 나눌 수 있는 가장 작은 소수를 1층 왼쪽 길에 써넣기

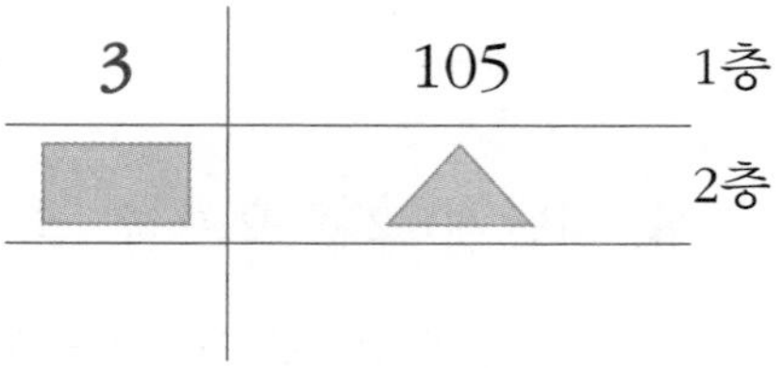

3. 3단계: 1층의 자연수를 1층의 소수로 나눈 몫을 2층 오른쪽 길에 써넣기

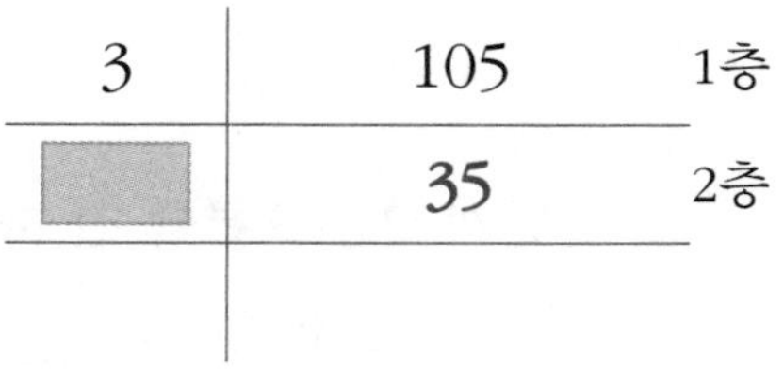

- 오른쪽 길 몫이 더 이상 나눠지지 않는 소수이면 사다리 그리기를 중지하고 6단계로 이동하고, 소수가 아니면 4단계로 이동한다.

4. 4단계: 2층 오른쪽 길 자연수를 나눌 수 있는 가장 작은 소수를 2층 왼쪽 길에 써넣기

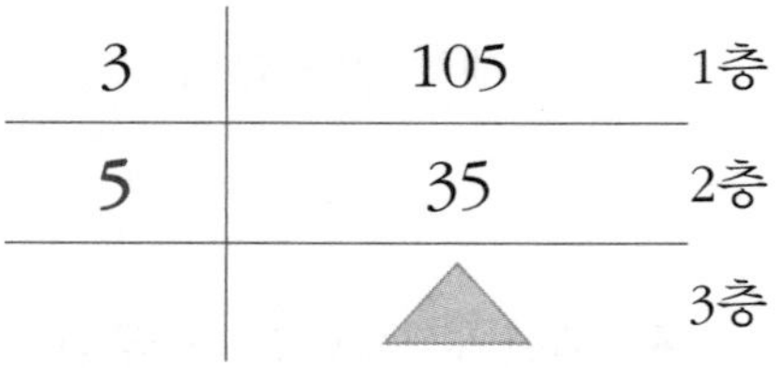

5. 5단계: 2층 오른쪽 길 자연수를 2층 왼쪽 길 소수로 나눈 몫을 3층 오른

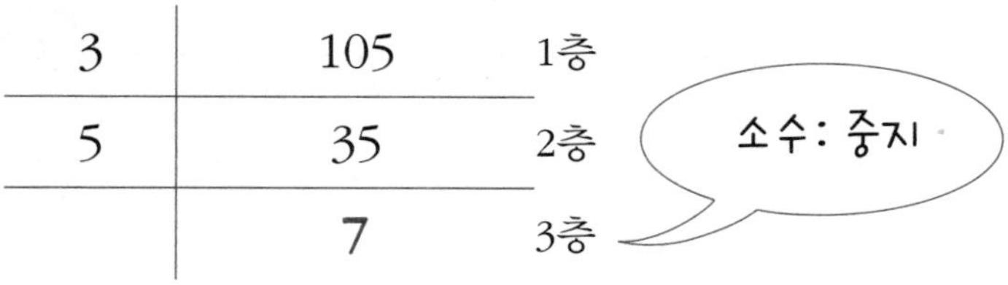

쪽 길에 쓰기

- 오른쪽 길 몫이 더 이상 나눠지지 않는 소수이면 사다리 그리기를 중지하고, 소수가 아니면 4~5단계를 반복한다.

6. 6단계: 사다리가 끝나면 사다리 왼쪽 길에 있는 소수들과 오른쪽 마지막 층에 있는 소수를 곱하여 답하기

→ $105 = 3 \times 5 \times 7$ ←

3	105
5	35
	7

함께 풀어 보는 문제(1~3)

다음 자연수를 사다리 방법으로 소인수분해하시오.

1) 68

2) 22

3) 144

1 68

1. 1단계: 사다리를 그린 후 오른쪽 1층에 소인수분해할 자연수를 써넣기

2. 2단계: 1층 자연수를 나눌 수 있는 가장 작은 소수를 1층 왼쪽 길에 써넣기

3. 3단계: 1층의 자연수를 1층의 소수로 나눈 몫을 2층 오른쪽 길에 써넣기

- 오른쪽 길 몫이 더 이상 나누어지지 않는 소수이면 사다리 그리기를 중지하고 6단계로 이동하고, 소수가 아니면 4단계로 이동한다.

4. 4단계: 2층 오른쪽 길 자연수를 나눌 수 있는 가장 작은 소수를 2층 왼쪽 길에 써넣기

5. 5단계: 2층 오른쪽 길 자연수를 2층 왼쪽 길 소수로 나눈 몫을 3층 오른쪽 길에 쓰기

- 오른쪽 길 몫이 더 이상 나눠지지 않는 소수이면 사다리 그리기를 중지하고, 소수가 아니면 4~5단계를 반복한다.

6. 6단계: 사다리가 끝나면 사다리 왼쪽 길에 있는 소수들과 오른쪽 마지막 층에 있는 소수를 곱하여 답하기

정답 68 =

❷ 22

1. 1단계: 사다리를 그린 후 오른쪽 1층에 소인수분해할 자연수를 써넣기

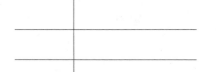

2. 2단계: 1층 자연수를 나눌 수 있는 가장 작은 소수를 1층 왼쪽 길에 써넣기

Level 2
2차시

3. 3단계: 1층의 자연수를 1층의 소수로 나눈 몫을 2층 오른쪽 길에 써넣기

- 오른쪽 길 몫이 더 이상 나눠지지 않는 소수이면 사다리 그리기를 중지하고 6단계로 이동하고, 소수가 아니면 4단계로 이동한다.

4. 4단계: 2층 오른쪽 길 자연수를 나눌 수 있는 가장 작은 소수를 2층 왼쪽 길에 써넣기

5. 5단계: 2층 오른쪽 길 자연수를 2층 왼쪽 길 소수로 나눈 몫을 3층 오른쪽 길에 쓰기

- 오른쪽 길 몫이 더 이상 나눠지지 않는 소수이면 사다리 그리기를 중지하고, 소수가 아니면 4~5단계를 반복한다.

6. 6단계: 사다리가 끝나면 사다리 왼쪽 길에 있는 소수들과 오른쪽 마지막 층에 있는 소수를 곱하여 답하기

정답 22 =

❸ 144

1. 1단계: 사다리를 그린 후 오른쪽 1층에 소인수분해할 자연수를 써넣기

2. 2단계: 1층 자연수를 나눌 수 있는 가장 작은 소수를 1층 왼쪽 길에 써넣기

3. 3단계: 1층의 자연수를 1층의 소수로 나눈 몫을 2층 오른쪽 길에 써넣기
   - 오른쪽 길 몫이 더 이상 나눠지지 않는 소수이면 사다리 그리기를 중지하고 6단계로 이동하고, 소수가 아니면 4단계로 이동한다.

4. 4단계: 2층 오른쪽 길 자연수를 나눌 수 있는 가장 작은 소수를 2층 왼쪽 길에 써넣기

5. 5단계: 2층 오른쪽 길 자연수를 2층 왼쪽 길 소수로 나눈 몫을 3층 오른쪽 길에 쓰기

- 오른쪽 길 몫이 더 이상 나눠지지 않는 소수이면 사다리 그리기를 중지하고, 소수가 아니면 4~5단계를 반복한다.

6. 6단계: 사다리가 끝나면 사다리 왼쪽 길에 있는 소수들과 오른쪽 마지막 층에 있는 소수를 곱하여 답하기

정답 144 =

아 그렇구나! (1~3)

❶ 43을 소인수분해할 때 혼동되는 것은 무엇입니까?

43은 소수입니다. 43을 나머지 없이 나눌 수 있는 소수는 43뿐이라는 것을 알아차리기까지 오랜 시간이 걸립니다.

43	43
	1

❷ 66을 소인수분해할 때 혼동되는 것은 무엇입니까?

소인수분해 중간 단계에서 나오는 몫이 소수인지 합성수인지 혼동되어 소인수분해를 중간에 멈추는 경우가 많습니다. 33은 소수처럼 보이지만 소수가 아닙니다. 3×11로 더 소인수분해합니다.

2	66
3	33
	11

소수? 멈출까?

3 32를 소인수분해할 때 혼동되는 것은 무엇입니까?

한 개의 소인수가 거듭해서 곱해지는 경우입니다. 소인수분해 결과는 $32 = 2 \times 5$가 아니라 $32 = 2 \times 2 \times 2 \times 2 \times 2$라고 나타내야 합니다.

2	32
2	16
2	8
2	4
	2

배움 체크하기

오늘 우리가 함께 공부한 것을 혼자서도 할 수 있는지 체크해 봅시다. 혼자서도 할 수 있으면 👍, 선생님의 도움이 더 필요하다면 ?에 동그라미로 표시하세요.

배움 체크 리스트	👍	?
1. 소수는 1과 자신만으로 나누어지는 자연수라는 뜻을 알고 있습니다.		
2. 합성수는 1과 자기 자신 외에 다른 약수(인수)를 갖는 자연수를 말한다는 것을 알고 있습니다.		
3. 소인수분해는 어떤 자연수를 소수인 약수들의 곱으로 나타내는 것임을 알고 있습니다.		
4. 사다리 방법을 이용하여 소인수분해를 하는 방법을 이해하고 적용할 수 있습니다.		
5. 사다리 방법으로 소인수분해할 때, 오른쪽 길에는 소인수분해할 자연수(1층)나 자연수를 왼쪽 길에 있는 수로 나눈 몫(나머지 층)을 쓰고, 왼쪽 길에는 같은 층 오른쪽 길에 있는 수를 나눌 수 있는 가장 작은 소수를 써넣는 것을 이해하고 적용할 수 있습니다.		
6. 오른쪽 길에 써넣은 몫이 소수가 되면 사다리 그리기를 중지한다는 것을 이해하고 적용할 수 있습니다.		
7. 사다리가 멈추면 왼쪽 길에 있는 소수들과 오른쪽 길 가장 아래층에 있는 소수를 곱셈 형식으로 나타내는 것이 소인수분해임을 이해하고 적용할 수 있습니다.		

혼자 풀어 보는 문제(1 ~ 7)

오늘 배운 것을 기억하면서 문제를 혼자 풀어 보는 시간입니다. 내비게이션 2.2 를 사용하면 도움이 됩니다.

다음 수의 약수를 구하시오.

1. $24 =$ ______________________

2. $33 =$ ______________________

다음 자연수를 사다리 방법으로 소인수분해하시오.

3. $123 =$ ______________________

4. 44 = ____________________

5. 56 = ____________________

6. 90 = ____________________

7. 210 = ____________________

3차시

소인수분해 이용하여 최대공약수 구하기

사전평가(1~7)

다음 수를 소인수분해하시오.

1. 24 ____________

2. 45 ____________

다음 수들의 최대공약수를 각각 구하시오.

3. $5 \times 5 \times 5,\ 3 \times 5$ 최대공약수 ______________

4. $2 \times 2 \times 2 \times 3 \times 3,\ 2 \times 3$ 최대공약수 ______________

5. $2^3 \times 3^2,\ 2 \times 3$ 최대공약수 ______________

6. $2^2 \times 3 \times 7^2,\ 2 \times 7^3$ 최대공약수 ______________

7. $2^3 \times 5^2,\ 3^3 \times 5$ 최대공약수 ______________

보여 주는 문제(1~3)

소인수분해를 이용하여 다음 자연수들의 최대공약수를 구하시오.

❶ 12, 18

1. 1단계: 소인수분해하기

   ○ $12 = 2 \times 2 \times 3$

   $18 = 2 \times 3 \times 3$

2. 2단계: 각 수의 소인수를 작은 수부터 줄을 맞춰 정리하기

   ○ $12 = 2 \times 2 \times 3$

   $18 = 2 \quad\quad \times 3 \times 3$

3. 3단계: 공통의 소인수를 찾아 동그라미 치거나 색칠하기

   ○ $12 = 2 \times 2 \times 3$

   $18 = 2 \quad\quad \times 3 \times 3$

4. 4단계: 공통의 소인수를 곱하여 최대공약수 구하기

   ○ $12 = 2 \times 2 \times 3$

   $18 = 2 \quad\quad \times 3 \times 3$

   $2 \quad\quad \times 3$

   → 12와 18의 최대공약수는 6이다.

2 21, 30

1. 1단계: 소인수분해하기

   ○ $21 = 3 \times 7$

   $30 = 2 \times 3 \times 5$

2. 2단계: 각 수의 소인수를 작은 수부터 줄을 맞춰 정리하기

   ○ $21 = \quad 3 \times 7$

   $30 = 2 \times 3 \times 5$

3. 3단계: 공통의 소인수를 찾아 동그라미 치거나 색칠하기

   ○ $21 = \quad 3 \times 7$

   $30 = 2 \times 3 \times 5$

4. 4단계: 공통의 소인수를 곱하여 최대공약수 구하기

   ○ $21 = \quad 3 \times 7$

   $30 = 2 \times 3 \times 5$

   3

   → 21과 30의 최대공약수는 3이다.

③ 24, 36, 40

1. 1단계: 소인수분해하기

○ $24 = 2 \times 2 \times 2 \times 3$

$36 = 2 \times 2 \times 3 \times 3$

$40 = 2 \times 2 \times 2 \times 5$

2. 2단계: 각 수의 소인수를 작은 수부터 줄을 맞춰 정리하기

○ $24 = 2 \times 2 \times 2 \times 3$

$36 = 2 \times 2 \quad\quad \times 3 \times 3$

$40 = 2 \times 2 \times 2 \quad\quad\quad \times 5$

3. 3단계: 공통의 소인수를 찾아 동그라미 치거나 색칠하기

○ $24 = 2 \times 2 \times 2 \times 3$

$36 = 2 \times 2 \quad\quad \times 3 \times 3$

$40 = 2 \times 2 \times 2 \quad\quad\quad \times 5$

4. 4단계: 공통의 소인수를 곱하여 최대공약수 구하기

○ $24 = 2 \times 2 \times 2 \times 3$

$36 = 2 \times 2 \quad\quad \times 3 \times 3$

$40 = 2 \times 2 \times 2 \quad\quad\quad \times 5$

2×2

→ 24, 36, 40의 최대공약수는 $2 \times 2 = 4$이다.

Level 2
3차시

함께 풀어 보는 문제(1~3)

다음 수를 소인수분해하여 최대공약수를 구하시오.

1) 56, 84

2) 32, 46

3) 24, 30, 42

❶ 56, 84

1. 1단계: 소인수분해하기

2. 2단계: 각 수의 소인수를 작은 수부터 줄을 맞춰 정리하기

3. 3단계: 공통의 소인수를 찾아 동그라미 치거나 색칠하기

4. 4단계: 공통의 소인수를 곱하여 최대공약수 구하기

❷ 32, 46

1. 1단계: 소인수분해하기

2. 2단계: 각 수의 소인수를 작은 수부터 줄을 맞춰 정리하기

3. 3단계: 공통의 소인수를 찾아 동그라미 치거나 색칠하기

4. 4단계: 공통의 소인수를 곱하여 최대공약수 구하기

3 24, 30, 42

1. 1단계: 소인수분해하기

2. 2단계: 각 수의 소인수를 작은 수부터 줄을 맞춰 정리하기

3. 3단계: 공통의 소인수를 찾아 동그라미 치거나 색칠하기

4. 4단계: 공통의 소인수를 곱하여 최대공약수 구하기

아 그렇구나! (1~3)

❶ 2×3, 5×7의 최대공약수를 구하는 문제는 왜 혼동되는 문제입니까?

두 자연수는 공통소인수가 없는 자연수입니다. 공통약수가 1뿐인 두 수를 서로소라고 합니다. 서로소는 공통약수가 1뿐이므로 최대공약수가 1입니다.

❷ 3×4, $2 \times 3 \times 7$의 최대공약수를 구할 때 혼동되는 점은 무엇입니까?

이 문제를 풀 때는 3×4가 소인수분해가 완료된 것이라 생각하면 오류를 범하게 됩니다. 4는 소수가 아니므로 2×2의 곱으로 더 소인수분해를 해야 합니다. 4를 소수로 생각하면 이 두 자연수의 공통 소인수는 3뿐이므로 3이 이 두 자연수의 최대공약수가 됩니다.

$$\begin{array}{r} 3 \times 4 \\ 2 \times 3 \times 7 \\ \hline 3 \end{array}$$

하지만 4를 2×2로 더 분해하면 2와 3이 공통소인수가 되므로 3×4, $2 \times 3 \times 7$의 최대공약수는 6입니다.

$$\begin{array}{r} 2 \times 2 \times 3 \\ 2 \times 3 \times 7 \\ \hline 2 \times 3 = 6 \end{array}$$

3 $2^2 \times 3^4$, $2^2 \times 3^2$은 최대공약수를 구할 때 왜 어려운 문제입니까?

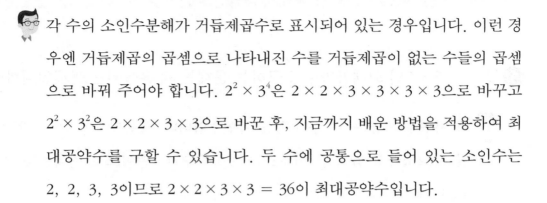

각 수의 소인수분해가 거듭제곱수로 표시되어 있는 경우입니다. 이런 경우엔 거듭제곱의 곱셈으로 나타내진 수를 거듭제곱이 없는 수들의 곱셈으로 바꿔 주어야 합니다. $2^2 \times 3^4$은 $2 \times 2 \times 3 \times 3 \times 3 \times 3$으로 바꾸고 $2^2 \times 3^2$은 $2 \times 2 \times 3 \times 3$으로 바꾼 후, 지금까지 배운 방법을 적용하여 최대공약수를 구할 수 있습니다. 두 수에 공통으로 들어 있는 소인수는 2, 2, 3, 3이므로 $2 \times 2 \times 3 \times 3 = 36$이 최대공약수입니다.

배움 체크하기

오늘 우리가 함께 공부한 것을 혼자서도 할 수 있는지 체크해 봅시다. 혼자서도 할 수 있으면 👍, 선생님의 도움이 더 필요하다면 ?에 동그라미로 표시하세요.

배움 체크 리스트	👍	?
1. 자연수의 곱셈과 나눗셈을 계산할 수 있습니다.		
2. 최대공약수의 뜻을 이해합니다.		
3. 소인수분해의 뜻을 알고 자연수를 소인수분해할 수 있습니다.		
4. 두 자연수에 들어 있는 공통의 소인수를 찾을 수 있습니다.		
5. 공통의 소인수를 곱하여 두 자연수의 최대공약수를 구하는 방법을 이해하고 적용할 수 있습니다.		
6. 서로소의 의미를 이해하고 최대공약수를 구할 때 적용할 수 있습니다.		
7. 세 자연수의 최대공약수 구하는 방법을 이해하고 적용할 수 있습니다.		

혼자 풀어 보는 문제(1~7)

오늘 배운 것을 기억하면서 문제를 혼자 풀어 보는 시간입니다. 내비게이션 2.3 을 사용하면 도움이 됩니다.

다음 수를 소인수분해하시오.

1. 54 ____________________

2. 40 ____________________

Level 2
3차시

다음 수들의 최대공약수를 구하시오.

3. $2 \times 2 \times 5,\ 2 \times 3 \times 5$ 최대공약수: ______

4. $2 \times 3 \times 3 \times 5 \times 7,\ 2 \times 2 \times 5 \times 7 \times 7$ 최대공약수: ______

5. $2^4 \times 5,\ 2 \times 5^2$ 최대공약수: ______

6. $3^2 \times 5^2,\ 3^3 \times 11^4$ 최대공약수: ______

7. $2^2 \times 7^2 \times 11,\ 2^3 \times 3^2 \times 7$ 최대공약수: ______

4차시

소인수분해 이용하여 최소공배수 구하기

사전평가(1~7)

다음 수를 소인수분해하시오.

1. 18 ________

2. 42 ________

다음 수들의 최소공배수를 구하시오.

3. $5 \times 5 \times 5,\ 3 \times 5$ 최소공배수 ______________

4. $2 \times 2 \times 2 \times 3 \times 3,\ 2 \times 3$ 최소공배수 ______________

5. $2^3 \times 3^2,\ 2 \times 3$ 최소공배수 ______________

6. $2^2 \times 3 \times 7^2,\ 2 \times 7^3$ 최소공배수 ______________

7. $2^3 \times 5^2,\ 3^3 \times 5$ 최소공배수 ______________

보여 주는 문제(1~3)

✎ 소인수분해를 통하여 다음 자연수들의 최소공배수를 구하시오.

❶ 12, 18

1. 1단계: 소인수분해하기

○ $12 = 2 \times 2 \times 3$

$18 = 2 \times 3 \times 3$

2. 2단계: 각 수의 소인수를 작은 수부터 줄을 맞춰 정리하기

○ $12 = 2 \times 2 \times 3$

$18 = 2 \quad\quad \times 3 \times 3$

3. 3단계: 공통의 소인수 찾아 표시하기

- 공통의 소인수를 찾아 동그라미 치거나 색칠(파란색)하고, 공통이 아닌 소인수는 네모 표시를 하거나 다른 색깔(회색)로 색칠

○ $12 = 2 \times 2 \times 3$

$18 = 2 \quad\quad \times 3 \times 3$

4. 4단계: 공통소인수와 공통이 아닌 소인수를 곱하여 최소공배수 구하기

○ $12 = 2 \times 2 \times 3$

$18 = 2 \quad \times 3 \times 3$

$2 \times 2 \times 3 \times 3 = 36$

→ 12와 18의 최소공배수는 36이다.

❷ 21, 30

1. 1단계: 소인수분해하기

○ $21 = 3 \times 7$

$30 = 2 \times 3 \times 5$

2. 2단계: 각 수의 소인수를 작은 수부터 줄을 맞춰 정리하기

○ $21 = \quad 3 \quad \times 7$

$30 = 2 \times 3 \times 5$

3. 3단계: 공통의 소인수 찾아 표시하기

- 공통의 소인수를 찾아 동그라미 치거나 색칠(파란색)하고, 공통이 아닌 소인수는 네모 표시를 하거나 다른 색깔(회색)로 색칠

○ $21 = \quad 3 \quad \times 7$

$30 = 2 \times 3 \times 5$

4. 4단계: 공통소인수와 공통이 아닌 소인수를 곱하여 최소공배수 구하기

○ $21 = \quad 3 \quad \times 7$

$30 = 2 \times 3 \times 5$

$= 2 \times 3 \times 5 \times 7 = 210$

→ 21과 30의 최소공배수는 210이다.

Level 2
4차시

❸ 24, 36, 40

1. 1단계: 소인수분해하기

○ $24 = 2 \times 2 \times 2 \times 3$

$36 = 2 \times 2 \times 3 \times 3$

$40 = 2 \times 2 \times 2 \times 5$

2. 2단계: 각 수의 소인수를 작은 수부터 줄을 맞춰 정리하기

○ $24 = 2 \times 2 \times 2 \times 3$

$36 = 2 \times 2 \quad \times 3 \times 3$

$40 = 2 \times 2 \times 2 \quad \times 5$

3. 3단계: 공통의 소인수 찾아 표시하기

- 공통의 소인수를 찾아 동그라미 치거나 색칠(파란색)하고, 공통이 아닌

소인수는 네모 표시를 하거나 다른 색깔(회색)로 색칠

세 수 공통 / 두 수 공통 / 공통이 아닌 소인수

○ $24 = 2 \times 2 \times 2 \times 3$

$36 = 2 \times 2 \quad \times 3 \times 3$

$40 = 2 \times 2 \times 2 \quad \times 5$

4. 4단계: 공통소인수와 공통이 아닌 소인수를 곱하여 최소공배수 구하기

(세 수 공통 × 두 수 공통 × 공통이 아닌 소인수)

○ $24 = 2 \times 2 \times 2 \times 3$

$36 = 2 \times 2 \quad \times 3 \times 3$

$40 = 2 \times 2 \times 2 \quad \times 5$

$2 \times 2 \times 2 \times 3 \times 3 \times 5 = 360$

→ 24, 36, 40의 최소공배수는 360이다.

함께 풀어 보는 문제(1~3)

다음 수를 소인수분해하여 최소공배수를 구하시오.

1) 56, 84

2) 32, 46

3) 24, 30, 42

선생님과 함께 문제를 푸는 동안 문제 풀이를 아래에 적어 보시오.

❶ 56, 84

1. 1단계: 소인수분해하기

2. 2단계: 각 수의 소인수를 작은 수부터 줄을 맞춰 정리하기

3. 3단계: 공통의 소인수 찾아 표시하기

- 공통의 소인수를 찾아 동그라미 치거나 색칠(파란색)하고, 공통이 아닌 소인수는 네모 표시를 하거나 다른 색깔(회색)로 색칠

4. 4단계: 공통소인수와 공통이 아닌 소인수를 곱하여 최소공배수 구하기

❷ 32, 46

1. 1단계: 소인수분해하기

2. 2단계: 각 수의 소인수를 작은 수부터 줄을 맞춰 정리하기

3. 3단계: 공통의 소인수 찾아 표시하기

- 공통의 소인수를 찾아 동그라미 치거나 색칠(파란색)하고, 공통이 아닌 소인수는 네모 표시를 하거나 다른 색깔(회색)로 색칠

4. 4단계: 공통소인수와 공통이 아닌 소인수를 곱하여 최소공배수 구하기

❸ 24, 30, 42

1. 1단계: 소인수분해하기

2. 2단계: 각 수의 소인수를 작은 수부터 줄을 맞춰 정리하기

3. 3단계: 공통의 소인수 찾아 표시하기
   - 공통의 소인수를 찾아 동그라미 치거나 색칠(파란색)하고, 공통이 아닌 소인수는 네모 표시를 하거나 다른 색깔(회색)로 색칠

4. 4단계: 공통소인수와 공통이 아닌 소인수를 곱하여 최소공배수 구하기

   (세 수 공통 × 두 수 공통 × 공통이 아닌 소인수)

아 그렇구나! (1~3)

1 2×3, 5×7의 최소공배수를 구할 때 혼동되는 것은 무엇입니까?

두 자연수를 공통으로 나눌 수 있는 소인수가 없습니다. 공통의 약수가 1뿐인 두 수를 서로소라고 합니다. 서로소는 공통의 약수가 1뿐이므로 최소공배수를 구할 때 두 수에 들어 있는 모든 소인수를 곱하면 됩니다. 이 두 자연수의 최소공배수는 $2 \times 3 \times 5 \times 7 = 210$입니다.

2 3×4, $2 \times 3 \times 7$의 최소공배수를 구할 때 어려운 점은 무엇입니까?

3×4가 소인수분해가 끝난 것이라 생각하면 오답을 낼 수 있습니다. 3×4를 소인수분해가 완결된 것이라 보고 최소공배수를 구하면 공통인수는 3뿐이고 2, 4, 7이 공통이 아닌 소인수입니다. 이 경우, 이 두 자연수의 최소공배수는 $3 \times 4 \times 2 \times 7 = 168$이 됩니다.

$$\begin{array}{r} 3 \times 4 \\ 2 \times 3 \quad \times 7 \\ \hline 2 \times 3 \times 4 \times 7 = 168 \end{array}$$

하지만 4를 2×2로 더 분해하면 $3 \times 4 = 3 \times 2 \times 2$가 되므로 $3 \times 2 \times 2$와 $2 \times 3 \times 7$의 공통소인수는 2와 3이고, 공통이 아닌 소인수는 2와 7입니다. 따라서 최소공배수는 $2 \times 2 \times 3 \times 7 = 84$입니다.

$$\begin{array}{r} 2 \times 2 \times 3 \\ 2 \times 3 \times 7 \\ \hline 2 \times 2 \times 3 \times 7 = 84 \end{array}$$

❸ $2^2 \times 3^4$, $2^2 \times 3^2$의 최소공배수를 구할 때 어려운 점은 무엇입니까?

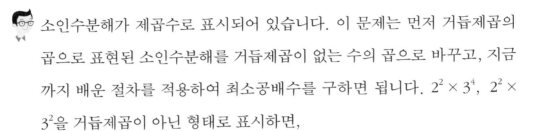

소인수분해가 제곱수로 표시되어 있습니다. 이 문제는 먼저 거듭제곱의 곱으로 표현된 소인수분해를 거듭제곱이 없는 수의 곱으로 바꾸고, 지금까지 배운 절차를 적용하여 최소공배수를 구하면 됩니다. $2^2 \times 3^4$, $2^2 \times 3^2$을 거듭제곱이 아닌 형태로 표시하면,

→ $2^2 \times 3^4 = 2 \times 2 \times 3 \times 3 \times 3 \times 3$

$2^2 \times 3^2 = 2 \times 2 \times 3 \times 3$입니다.

두 수의 공통소인수는 2, 2, 3, 3이고, 공통이 아닌 소인수는 3, 3입니다.

→ $2^2 \times 3^4 = 2 \times 2 \times 3 \times 3 \times 3 \times 3$

$2^2 \times 3^2 = 2 \times 2 \times 3 \times 3$

공통소인수들과 공통이 아닌 소인수들의 곱을 구하면 두 수의 최소공배수는 $2 \times 2 \times 3 \times 3 \times 3 \times 3 = 324$입니다.

→ $2^2 \times 3^4 = 2 \times 2 \times 3 \times 3 \times 3 \times 3$

$2^2 \times 3^2 = 2 \times 2 \times 3 \times 3$

$2 \times 2 \times 3 \times 3 \times 3 \times 3 = 324$

Level 2 4차시

배움 체크하기

오늘 우리가 함께 공부한 것을 혼자서도 할 수 있는지 체크해 봅시다. 혼자서도 할 수 있으면 👍, 선생님의 도움이 더 필요하다면 ?에 동그라미로 표시하세요.

배움 체크 리스트	👍	?
1. 소인수분해의 뜻을 알고, 자연수를 소인수분해할 수 있습니다.		
2. 최소공배수의 뜻을 이해합니다.		
3. 각 자연수를 소인수분해하여 소인수의 크기에 따라 정렬할 수 있습니다.		
4. 세 자연수에 들어 있는 공통의 소인수를 찾을 수 있습니다.		
5. 두 자연수에만 공통으로 들어 있는 소인수를 찾을 수 있습니다.		
6. 공통소인수가 아닌 소인수들을 찾을 수 있습니다.		
7. 세 자연수의 공통소인수, 두 자연수의 공통소인수 그리고 나머지 소인수를 곱하여 최소공배수를 구하는 방법을 이해하고 적용할 수 있습니다.		

혼자 풀어 보는 문제(1 ~ 7)

오늘 배운 것을 기억하면서 문제를 혼자 풀어 보는 시간입니다. 내비게이션 2.4 를 사용하면 도움이 됩니다.

Level 2
4차시

다음 수를 소인수분해하시오.

1. 42 ____________

2. 54 ____________

다음 수들의 최소공배수를 구하시오.

3. $2 \times 2 \times 5,\ 2 \times 3 \times 5$ 최소공배수 ______________

4. $3 \times 5,\ 2 \times 11$ 최소공배수 ______________

5. $2 \times 3 \times 3 \times 5 \times 7,\ 2 \times 2 \times 5 \times 7 \times 7$ 최소공배수 ______________

6. $3^2 \times 5^2,\ 3^3 \times 11$ 최소공배수 ______________

7. $2^2 \times 7^2,\ 2^3 \times 3^2 \times 7$ 최소공배수 ______________

5차시

양의 정수와 음의 정수

사전평가(1~7)

수직선을 그리고, 다음 수에 대응하는 점을 수직선 위에 나타내시오.

1. 3

2. -3

밑줄 친 수가 양수인지 음수인지 동그라미로 표시하고, 그 수를 부호를 사용하여 나타내시오.

3. 다이빙을 하여 바닷속으로 7미터 내려갔다.

양수/음수, ______________

4. 게임을 시작한 후, 1분만에 50점을 얻었다.

양수/음수, ______________

5. 버스값이 이번 달부터 300원 올랐다.

양수/음수, ______________

6. 건물의 지상 3층이 +3이면 지하 2층

양수/음수, ______________

7. 100m 달리기 현재 최고 기록보다 3초 늦게 달린 것을 +3이라 할 때, 현재 최고 기록보다 5초 빨리 달린 것

양수/음수, ______________

보여 주는 문제(1~3)

✎ 다음 상황이 양의 정수를 나타내는 상황인지 음의 정수를 나타내는 상황인지 알아보고, 수직선 위에 그 수를 나타내시오.

1 2점 실점을 -2라 할 때, 2점 득점

1. 기준점 찾기

- 현재 점수 $= 0$

2. 부호를 아는 상황

- 2점 실점 $= -2$

3. 부호를 정해야 하는 상황

- 2점 득점

4. 같은 방향 OR 다른 방향인지 확인하여 수의 부호 결정

- 득점은 실점과 현재 점수에서 반대 방향
- 실점이 음의 정수이므로, 득점은 양의 정수가 된다$(+2)$.

5. 수직선 그리기

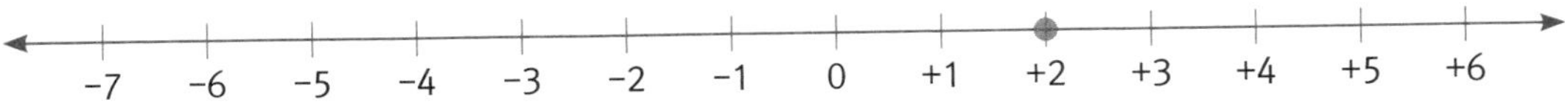

❷ 방과 후 학교에서 나와서 학교 정문에서 왼쪽으로 7미터 이동한 위치를 −7이라 표시할 때, 학교 정문에서 오른쪽으로 5미터 이동한 지점

1. 기준점 찾기

- 학교 정문 위치 = 0

2. 부호를 아는 상황

- 왼쪽 방향 7미터 지점 = −7

3. 부호를 정해야 하는 상황

- 오른쪽 방향 5미터 지점

4. 같은 방향 OR 다른 방향인지 확인하여 수의 부호 결정

- 오른쪽 방향은 왼쪽 방향과 학교 정문에서 반대 방향
- 왼쪽 방향이 음의 정수이므로, 오른쪽 방향은 양의 정수가 된다(+5).

5. 수직선 그리기

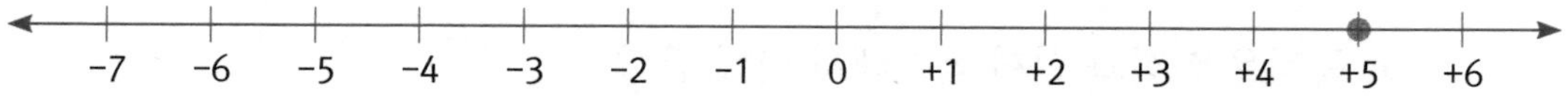

❸ 0보다 4만큼 큰 수를 +4라 표시할 때, 0보다 3만큼 작은 수

1. 기준점 찾기

- 0

2. 부호가 있는 상황

- 0보다 4가 큰 수 = +4

3. 부호가 필요한 상황

- 0보다 3이 작은 수

4. 같은 방향 OR 다른 방향인지 확인하여 수의 부호 결정

- 0보다 큰 수와 작은 수는 반대 방향
- 0보다 큰 수가 양의 정수이므로, 0보다 작은 수는 음의 정수가 된다(−3).

5. 수직선 그리기

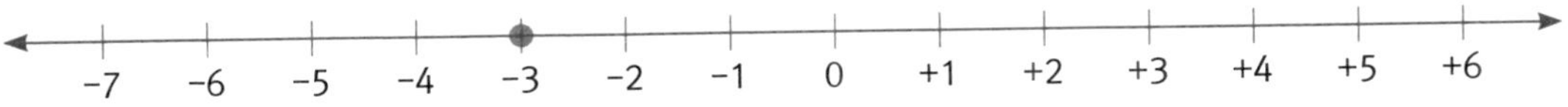

함께 풀어 보는 문제(1~3)

다음 수의 부호를 결정하고, 수직선 위에 대응하는 점을 나타내시오.

1) 몸무게가 2킬로그램 증가한 것을 +2로 나타낼 때, 5킬로그램 감소

2) 현재 위치에서 서쪽으로 5킬로미터 떨어진 지점을 −5라 나타낼 때, 현재 위치에서 동쪽으로 6킬로 떨어진 지점

3) 0도 보다 4도 높은 온도를 +4로 나타낼 때, 0도보다 3도 낮은 온도

선생님과 함께 문제를 푸는 동안 문제 풀이를 아래에 적어 보시오.

❶ 몸무게가 2킬로그램 증가한 것을 +2로 나타낼 때, 5킬로그램 감소

1. 기준점 찾기

2. 부호를 아는 상황

3. 부호를 정해야 하는 상황

4. 같은 방향 또는 다른 방향인지 확인하여 수의 부호 결정

5. 수직선 그리기

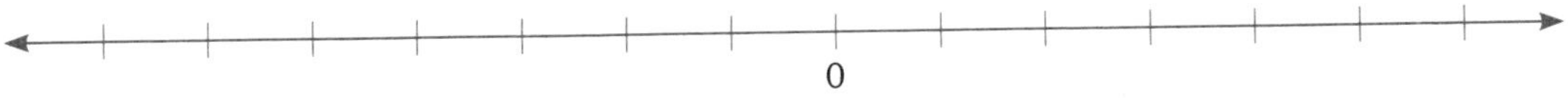

❷ 현재 위치에서 서쪽으로 5킬로미터 떨어진 지점을 −5라 나타낼 때, 현재 위치에서 동쪽으로 6킬로미터 떨어진 지점

1. 기준점 찾기

2. 부호를 아는 상황

3. 부호를 정해야 하는 상황

4. 같은 방향 또는 다른 방향인지 확인하여 수의 부호 결정

5. 수직선 그리기

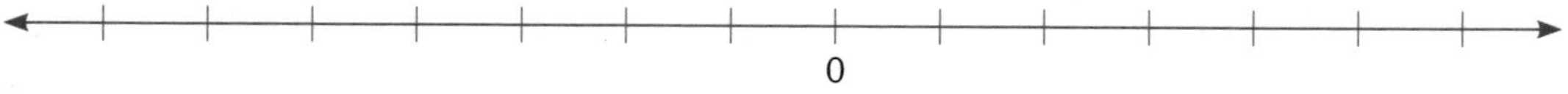

❸ 0도보다 4도 높은 온도를 +4로 나타낼 때, 0도보다 3도 낮은 온도

1. 기준점 찾기

2. 부호를 아는 상황

3. 부호를 정해야 하는 상황

4. 같은 방향 또는 다른 방향인지 확인하여 수의 부호 결정

5. 수직선 그리기

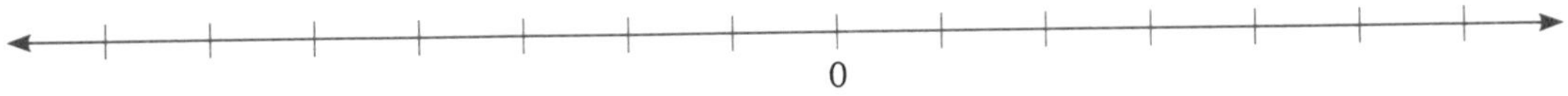

아 그렇구나! (1~3)

❶ 예금 통장에 4,000원을 입금했을 때를 +4000으로 나타낼 때, 2,500원 출금했을 때를 부호가 있는 수로 나타낼 때 혼동되는 점은 무엇입니까?

이 문제는 입금과 출금이 무슨 뜻인지 알아야 2,500원 출금을 나타내는 수의 부호를 결정할 수 있습니다. 입금과 출금은 은행에서 사용하는 말입니다. 입금은 돈을 통장에 넣는다는 뜻이고, 출금은 돈을 통장에서 빼낸다는 뜻이므로 서로 반대되는 의미입니다. 입금한 금액을 양의 부호(+)를 사용해서 나타냈으므로, 출금한 금액은 음의 부호(−)를 사용해서 나타냅니다. −2,500원이 정답입니다.

❷ "자유투에서 1점을 얻었다."를 양의 부호나 음의 부호를 사용하여 나타낼 때 혼동되는 점은 무엇입니까?

득점의 반대 상황을 실점이라 알고 있습니다. 그런데 우리 팀이 자유투를 했을 경우, 우리 팀에 득점은 생길 수 있으나 실점은 생기지 않으므로 반대 상황을 찾기가 쉽지 않습니다. 이 문제는 자유투가 성공한 경우(1점이나 2점 득점)와 자유투가 실패한 경우(0점 득점)로 이해하여 자유투 성공에 양의 부호를 사용하여 나타냅니다. 자유투에서 1점을 얻었다는 것은 성공을 의미하므로 +1로 나타냅니다.

3 0보다 4만큼 작은 수를 수직선 위에 나타낼 때, 어려운 점은 무엇입니까?

0과 음의 정수 간 관계를 이해하지 못하거나 수직선에 0과 음의 정수를 나타내는 데 어려움을 겪는 경우, 0보다 4만큼 작은 수를 수직선에 나타내는 데 어려움을 겪습니다. 예를 들어, 다음 그림처럼 −1의 위치를 잘못 알고 있는 경우에 0보다 4만큼 작은 수를 −4라 결정한 후, 수직선에 표시하는 과정에서 오답을 낼 수 있습니다.

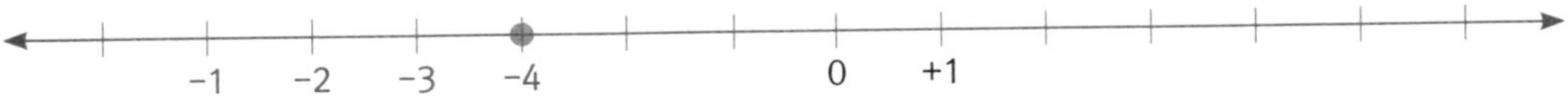

배움 체크하기

오늘 우리가 함께 공부한 것을 혼자서도 할 수 있는지 체크해 봅시다. 혼자서도 할 수 있으면 , 선생님의 도움이 더 필요하다면 ?에 동그라미로 표시하세요.

배움 체크 리스트		?
1. 서로 반대가 되는 성질을 가진 양을 수로 나타낼 때, 기준점을 찾을 수 있습니다.		
2. 기준점에서 서로 반대되는 방향에 있는 두 수는 서로 다른 부호를 갖는다는 것을 이해하고 적용할 수 있습니다.		
3. 기준점에서 같은 방향에 있는 두 수는 서로 같은 부호를 갖는다는 것을 이해하고 적용할 수 있습니다.		
4. 음의 부호의 반대는 양의 부호임을 이해하고 적용할 수 있습니다.		
5. 0과 양수들을 포함하는 수직선을 그릴 수 있습니다.		
6. 0과 음수들을 포함하는 수직선을 그릴 수 있습니다.		
7. 어떤 수에 대응하는 점을 수직선에서 찾고 표시할 수 있습니다.		

혼자 풀어 보는 문제(1~7)

오늘 배운 것을 기억하면서 문제를 혼자 풀어 보는 시간입니다. 내비게이션 2.5 를 사용하면 도움이 됩니다.

수직선을 그리고, 다음 수에 대응하는 점을 수직선 위에 나타내시오.

1. 5

2. -5

밑줄 친 수가 양수인지 음수인지 동그라미로 나타내고, 그 수를 부호를 사용하여 나타내시오.

3. 버스 도착 시간 5분 전이다.

양수/음수, ________________

4. 해발 500m를 +500으로 나타날 때, 해저 150m

양수/음수, ________________

5. 내 키보다 4cm 작은 키를 (−4)로 나타낼 때, 내 키보다 6cm 큰 키

양수/음수, ________________

6. 은행에서 예금 통장을 만든 후 예금 통장에 2만 원을 입금하였다.

양수/음수, ________________

7. 어제의 기온이 0도였는데 오늘은 어제보다 기온이 3도 더 낮다.

양수/음수, ________________

6차시

유리수의 뜻과 유리수의 대소 비교

사전평가(1~7)

다음 수에 대응하는 점을 수직선 위에 나타내시오.

1. -3.5

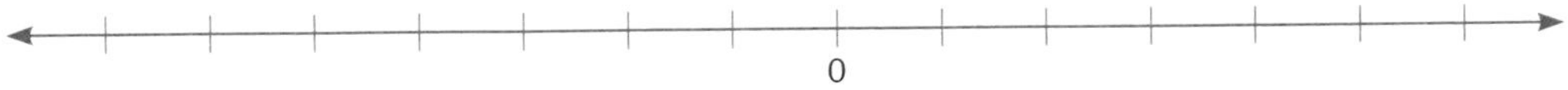

2. $\frac{7}{4}$

다음 두 수의 크기를 > 또는 <를 사용하여 비교하시오.

3. -4 ______ 0

4. 2.7 ______ 5

5. $\frac{13}{4}$ ______ 3

6. -1.5 ______ -0.3

7. $+0.123$ ______ $+0.13$

보여 주는 문제(1~3)

다음 두 유리수에 대응하는 점들을 수직선 위에 나타내고 두 수의 크기를 비교하시오.

1 $1\frac{1}{2}$과 $2\frac{2}{3}$

1. 1단계: 먼저, 대분수 $1\frac{1}{2}$을 수직선에 나타내기

   1) 대분수의 정수 부분과 분수 부분을 확인하기

   - 정수 부분은 1이고 분수 부분은 $\frac{1}{2}$이다.

   2) 대분수의 정수 부분을 수직선에 표시하기

   - 정수인 1과 그 오른쪽에 있는 정수(2)를 찾아 수직선 위에 표시한다.

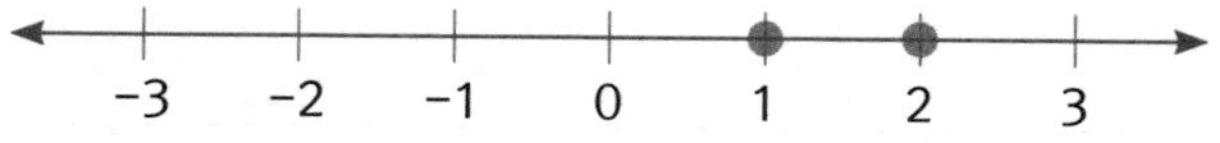

   3) 분수의 분모가 의미하는 것을 수직선에 표시하기

   - 분수 $\frac{1}{2}$의 분모인 2는 1과 2 사이를 2등분해야 함을 의미한다.

   4) 분수의 분자가 의미하는 것을 수직선에 표시하기

   - 분자인 1은 첫번째 눈금이 $1\frac{1}{2}$에 해당하는 점임을 나타낸다.

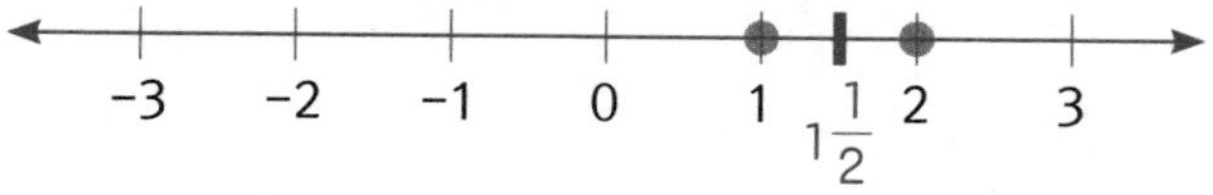

2. 2단계: $2\frac{2}{3}$를 수직선 위에 나타내기

1) 대분수의 정수 부분과 분수 부분 확인하기

- 정수 부분은 2이고 분수는 $\frac{2}{3}$이다.

2) 대분수의 정수 부분을 수직선에 나타내기

- $2\frac{2}{3}$의 정수 부분인 2와 그 오른쪽에 있는 정수(3)를 수직선 위에 표시한다.

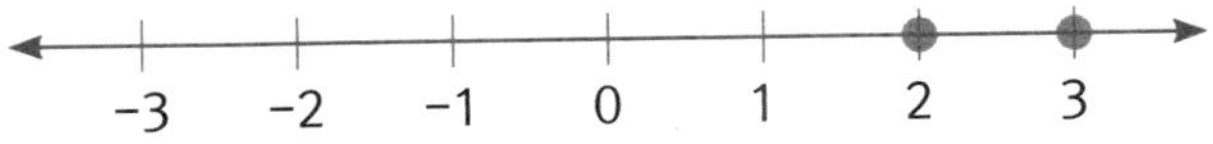

3) 분수의 분모가 의미하는 것을 수직선에 표시하기

- $\frac{2}{3}$의 분모 3은 두 정수 사이, 즉 2와 3 사이를 3등분해야 함을 의미한다.

4) 분수의 분자가 의미하는 것을 수직선에 표시하기

- $\frac{2}{3}$의 분자 2는 두 번째 눈금이 $2\frac{2}{3}$를 나타내는 눈금임을 나타낸다.

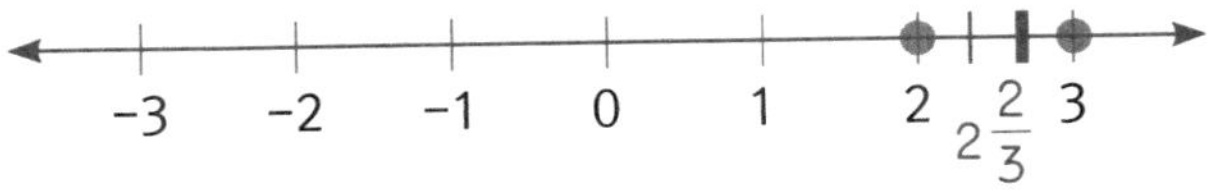

3. 3단계: 큰 수 결정하기

- 두 수 중 수직선상에서 오른쪽에 위치한 수가 큰 수이다.
- $2\frac{2}{3}$가 $1\frac{1}{2}$보다 오른쪽에 위치하므로 $2\frac{2}{3}$가 더 큰 수이다.

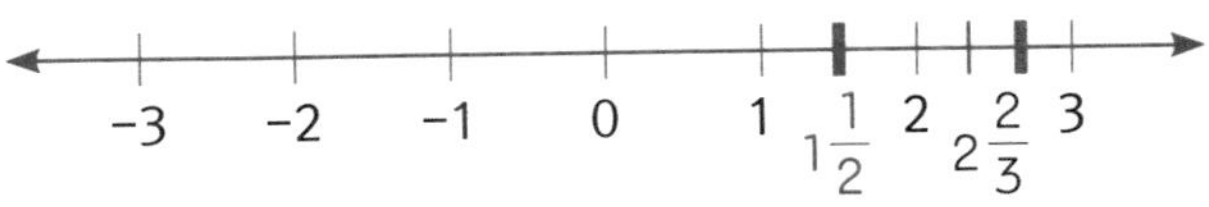

❷ $\frac{4}{3}$와 $\frac{5}{2}$

1. 1단계: 가분수 $\frac{4}{3}$를 수직선에 나타내기

1) 가분수를 대분수로 바꿔 쓰기

- 분자 4를 분모 3으로 나누었을 때, 몫인 정수 1을 분수 앞에 정수 부분에 쓰고 그 나머지인 1을 분자에 쓴다.
- 원래 분모였던 3은 그대로 분모에 쓴다.

$$\frac{4}{3} = 1\frac{1}{3}$$

2) 대분수의 정수 부분을 수직선에 나타내기

- 대분수의 정수 1과 그다음 정수 2를 수직선에 표시한다.

3) 분수의 분모가 의미하는 것을 수직선에 표시하기

- 분모인 3은 1과 2 사이를 3등분해야 함을 나타낸다.

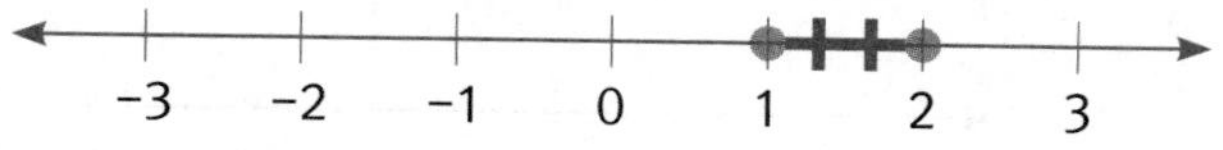

4) 분수의 분자가 의미하는 것을 수직선에 표시하기

- 분자인 1은 등분한 눈금 중 첫 번째 눈금이 $\frac{1}{3}$에 대응하는 점임을 나타낸다.

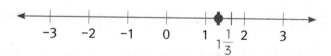

2. 2단계: $\frac{5}{2}$를 수직선 위에 나타내기

1) 가분수 $\frac{5}{2}$를 대분수로 바꿔 쓰기

- $5 \div 2$는 몫이 2이고 나머지가 1이므로 몫은 정수 부분에, 나머지는 분수의 분자 부분에 써 준다.

$$2\frac{1}{2}$$

2) 대분수 $2\frac{1}{2}$의 정수 부분과 분수 부분을 확인하기

3) 대분수의 정수 부분을 수직선에 나타내기

- 2와 그다음 정수에 대응하는 점들을 수직선에 나타낸다.

4) 분수의 분모가 의미하는 것을 수직선에 표시하기

- 분모 2는 두 정수 사이인 2와 3 사이를 2등분해야 함을 의미한다.

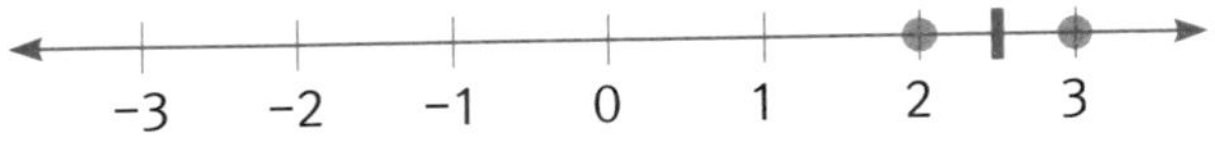

5) 분수의 분자가 의미하는 것을 수직선에 표시하기

- 분자인 1은 2등분한 눈금 중 처음 눈금이 $\frac{1}{2}$에 대응하는 점임을 나타낸다.

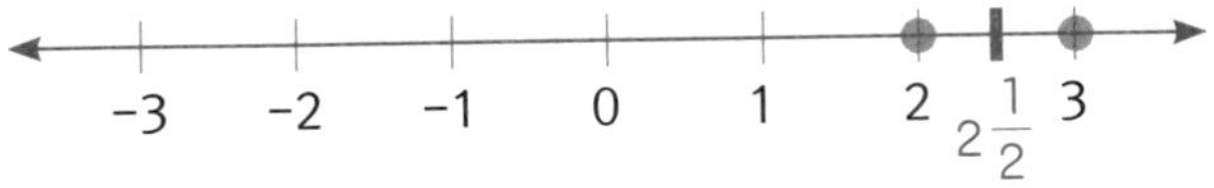

3. 3단계: 큰 수 결정하기

- 수직선상에서 더 오른쪽에 위치한 수가 더 큰 수이므로 $2\frac{1}{2}$, 즉 $\frac{5}{2}$가 더 큰 수이다.

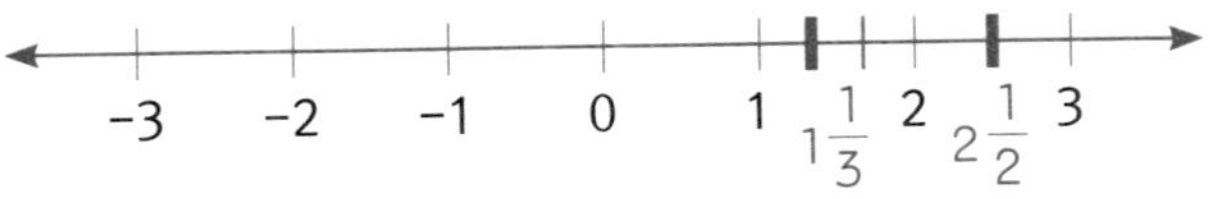

❸ $-\frac{6}{4}$과 -0.5

1. 1단계: 가분수 $-\frac{6}{4}$을 수직선에 나타내기

1) 가분수를 대분수로 바꿔 쓰기

- $-\frac{6}{4}$을 대분수로 나타낼 때는 분자 -6을 분모 4로 나누었을 때의 몫인 정수 -1을 분수 앞에 쓰고 그 나머지인 -2를 분자에 쓴다.
- 원래 분모였던 4는 분모에 그대로 써 준다.

$$-\frac{6}{4} = -1\frac{2}{4}$$

2) 대분수의 정수 부분과 분수 부분을 확인하기

- $-1\frac{2}{4}$의 정수 부분은 -1이고 분수 부분은 $-\frac{2}{4}$이다.

3) 대분수의 정수 부분을 수직선에 나타내기

- 정수 부분인 -1과 그 왼쪽에 있는 수인 -2에 대응하는 점을 수직선에 표시한다.

4) 분수의 분모가 의미하는 것을 수직선에 표시하기

- 분모인 4는 -1과 -2 사이를 4등분해야 함을 나타낸다.

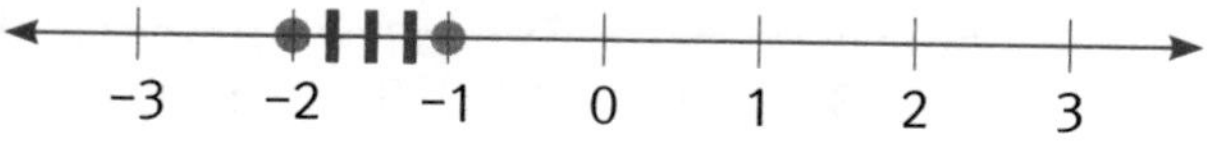

5) 분수의 분자가 의미하는 것을 수직선에 표시하기

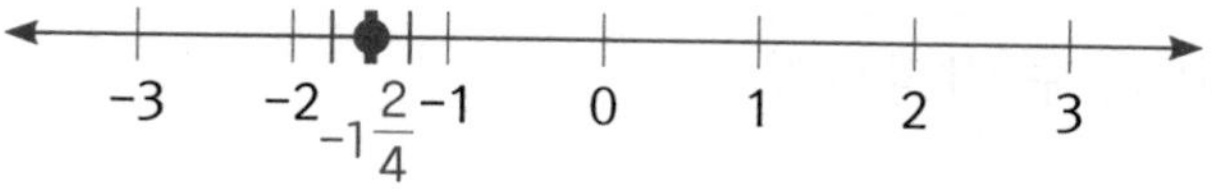

2. 2단계: -0.5를 수직선 위에 나타내기

1) 소수의 정수 부분과 소수 부분을 확인하고 정수 부분을 수직선에 표시하기

- -0.5는 정수 부분이 0이고 소수 부분은 0.5이다.
- 음의 소수는 소수의 정수와 그 왼쪽에 위치한 정수의 대응점을 수직선상에 표시한다.
- -0.5의 정수 부분은 0이므로, 0과 -1의 대응점을 수직선에 표시한다.

2) 소수점 이하 자릿수가 의미하는 것을 수직선에 표시하기

- -0.5는 소수점 이하 자릿수가 한 개이므로 10^1만큼 두 정수 사이를 등분한다.

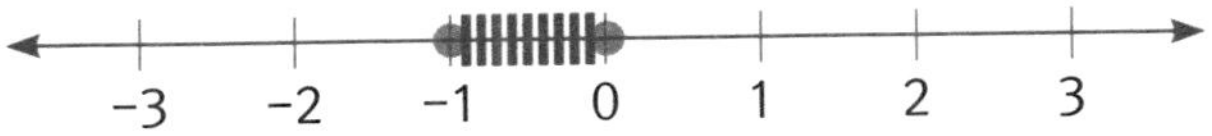

3) 소수점 이하에 있는 숫자가 의미하는 것을 수직선에 표시하기

- 소수점 이하 숫자인 5는 0과 1 사이를 10개로 나눴을 때, 0에서부터 왼쪽으로 5번째 눈금이 -0.5를 나타낸다는 것을 말해 준다.

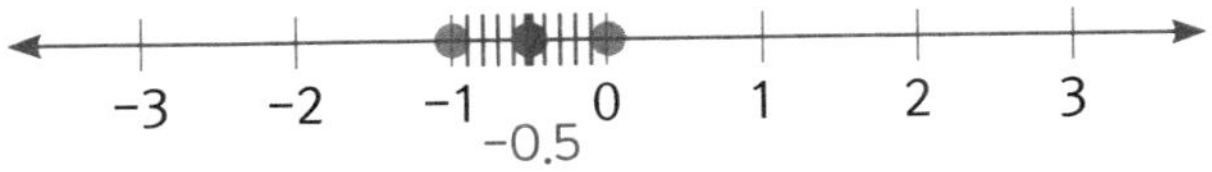

3. 3단계: 큰 수 결정하기

- 수직선상에서 더 오른쪽에 위치한 수가 큰 수이므로, -0.5가 $-\frac{6}{4}$ $(=-1\frac{2}{4})$ 보다 더 큰 수이다.

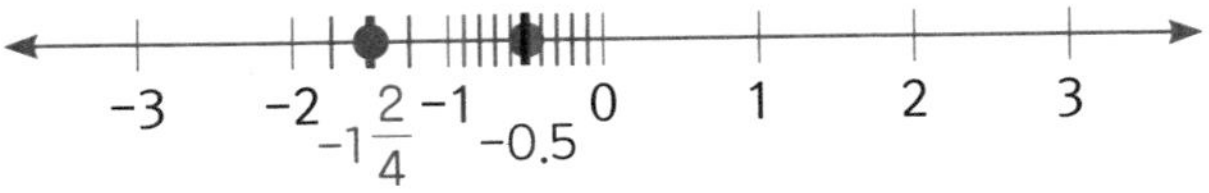

함께 풀어 보는 문제(1~3)

다음 두 유리수에 대응하는 점들을 수직선에 나타내고 두 수의 크기를 비교해 보시오.

1) $\frac{3}{4}$과 $\frac{5}{4}$

2) $-\frac{7}{3}$과 $-\frac{9}{4}$

3) -0.25와 -1.90

선생님과 함께 문제를 푸는 동안 문제 풀이를 아래에 적어 보시오.

❶ $\frac{3}{4}$과 $\frac{5}{4}$

1. 가분수를 대분수로 바꾸기

- $\frac{3}{4} =$

- $\frac{5}{4} =$

2. (대)분수의 정수 부분과 분수 부분 확인하기

분수	정수 부분	분수 부분
$\frac{3}{4}$		
$\frac{5}{4}$		

3. 정수와 그 이웃정수(양수일 때는 오른쪽 수, 음수일 때는 왼쪽 수)를 수직선에 표시하기

- $\frac{3}{4}$ =

- $\frac{5}{4}$ =

4. 분모의 의미 표시하기: 분모 ← 두 정수 사이를 몇등분해야 하는지를 나타냄

- $\frac{3}{4}$ =

- $\frac{5}{4}$ =

5. 분자의 의미 표시하기: 분자 ← 몇 번째 등분점이 분수의 대응점인지 나타냄

- $\frac{3}{4} =$

- $\frac{5}{4} =$

6. 두 분수를 수직선에 함께 표시한 후 크기 결정하기: 수직선에서 오른쪽에 표시된 수 ← 큰 수

$\frac{3}{4}$ $\frac{5}{4}$

❷ $-\frac{7}{3}$과 $-\frac{9}{4}$

1. 가분수를 대분수로 바꾸기

- $-\frac{7}{3} =$

• $-\frac{9}{4}$ =

2. (대)분수의 정수 부분과 분수 부분 확인하기

분수	정수 부분	분수 부분
$-\frac{7}{3}$		
$-\frac{9}{4}$		

3. 정수와 그 이웃 정수(양수일 때는 오른쪽 수, 음수일 때는 왼쪽 수)를 수직선에 표시하기

• $-\frac{7}{3}$ =

• $-\frac{9}{4}$ =

4. 분모의 의미 표시하기: 분모 ← 두 정수 사이를 몇등분해야 하는지를 나타냄

- $-\frac{7}{3}$ =

- $-\frac{9}{4}$ =

5. 분자의 의미 표시하기: 분자 ← 몇 번째 등분점이 분수의 대응점인지 나타냄

- $-\frac{7}{3}$ =

- $-\frac{9}{4}$ =

6. 두 분수를 수직선에 함께 표시한 후 크기 결정하기: 수직선에서 오른쪽에 표시된 수 ← 큰 수

$-\frac{7}{3}$ $-\frac{9}{4}$

③ -0.25와 -1.90

1. 소수의 정수 부분과 소수 부분 확인하기

분수	정수 부분	분수 부분
-0.25		
-1.90		

2. 소수의 정수 부분과 그 이웃 정수(양수일 때는 오른쪽 정수, 음수일 때는 왼쪽 정수)를 수직선에 표시하기

- $-0.25 =$

- $-1.90 =$

3. 두 정수 사이를 소수점 이하 자릿수 만큼 등분하기

- $-0.25 =$

- −1.90 =

4. 소수점 이하 숫자가 의미하는 것을 수직선에 나타내기 ← 두 정수 사이의 등분점 중 몇 번째 등분점이 그 소수에 대응하는 점인지를 나타냄

- −0.25 =

- −1.90 =

5. 두 소수를 수직선에 함께 표시한 후 크기 결정하기: 수직선에서 오른쪽에 표시된 수 ← 큰 수

−0.25 −1.90

아 그렇구나! (1~3)

1 0.13과 0.123 중 어떤 수가 더 큰 수인지 결정할 때 혼동되는 점은 무엇입니까?

이 문제는 두 소수를 비교하는 문제입니다. 소수점 이하 숫자 123이 13보다 크므로 0.123이 큰 수라 생각하는 경우가 흔한 오류 중 하나입니다. 소수점 이하의 수를 비교할 때는 그림처럼 소수점 이하 첫 자릿수부터 두 수를 자릿값에 맞춰 써 놓고 차례대로 비교하면서, 큰 수가 먼저 나오는 수를 큰 수라 결정하면 됩니다.

0.	1	3	
0.	1	2	3

$0.13 > 0.123$

0.13과 0.123은 소수점 이하 첫 자리는 모두 1이지만, 둘째 자리는 0.13의 경우 3이고 0.123의 경우는 2입니다. 따라서 0.13이 0.123보다 큰 수입니다.

2 $-1\frac{3}{4}$과 $-1\frac{1}{4}$을 수직선 위의 점으로 나타내고 어느 수가 더 큰 수인지 비교할 때 혼동되는 점은 무엇입니까?

가장 흔한 오류 중 하나는 $-1\frac{3}{4}$이나 $-1\frac{1}{4}$을 그릴 때 -1과 -2 사이의 수로 그리지 않고 -1과 0 사이의 수로 그리는 경우입니다. 또 다른 오류는 $-1\frac{3}{4}$을 그릴 때 -1에서 -2 사이를 4등분한 후, (-1이 아니라) -2에서부터 세 번째 눈금에 $-1\frac{3}{4}$이라 표시하는 경우입니다. 마찬가지로 $-1\frac{1}{4}$을 그릴 때 -1과 -2 사이를 4등분한 후, (-1에서부터가 아니라) -2에서부터 첫 번째 눈금을 $-1\frac{1}{4}$이라 표시하는 경우입니다. 이럴 경우, 수직선 위에서 오른쪽이 항상 큰 수라는 원칙을 적용하면 $-1\frac{3}{4}$이 $-1\frac{1}{4}$보다 큰 수라고 답하게 됩니다.

(오답의 예)

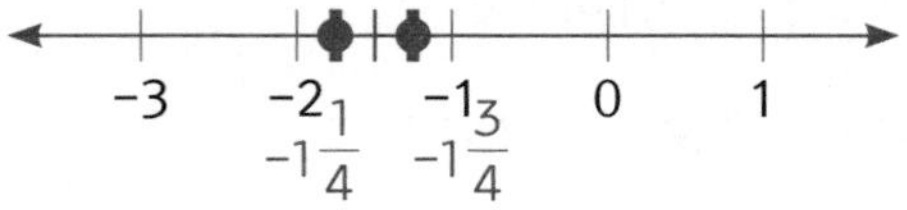

❸ 0.75와 $\frac{1}{3}$을 수직선에 나타내고 크기를 비교할 때 혼동되는 점은 무엇입니까?

분수와 소수를 비교하는 문제입니다. 소수를 분수로 바꾸어 주거나 분수를 소수로 바꾸어 동일한 수의 형태로 바꿔 주면 문제를 쉽게 풀 수 있습니다. 0.75는 분수로 바꾸면 $\frac{75}{100}$, 즉 $\frac{3}{4}$입니다. $\frac{3}{4}$과 $\frac{1}{3}$을 수직선에 나타낸 후 오른쪽에 위치한 수를 큰 수라 결정하면 됩니다.

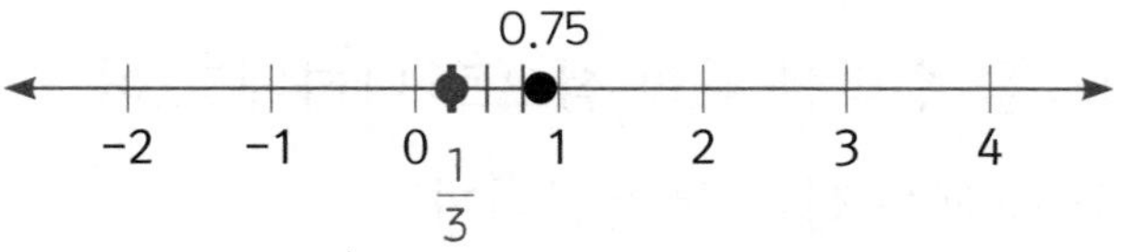

0.75가 $\frac{1}{3}$보다 오른쪽에 위치하므로 더 큰 수입니다.

배움 체크하기

오늘 우리가 함께 공부한 것을 혼자서도 할 수 있는지 체크해 봅시다. 혼자서도 할 수 있으면 👍, 선생님의 도움이 더 필요하다면 ?에 동그라미로 표시하세요.

배움 체크 리스트	👍	?
1. 양수는 0보다 크고 음수는 0보다 작다는 것을 이해합니다.		
2. 분수를 수직선 위에 그리기 위해 가분수를 대분수로 고쳐 정수와 분수(진분수)로 나타낼 수 있습니다.		
3. 진분수를 수직선 위에 표시할 때는 분모는 두 정수 사이를 몇 등분하는지, 분자는 몇 번째 눈금이 해당 분수의 눈금인지를 나타낸다는 것을 이해합니다.		
4. 소수를 수직선 위에 나타낼 때는 소수점 이하 숫자가 한 자리 수이면 두 정수 사이를 10등분해 주고, 소수점 이하 숫자가 두 자리 수이면 두 정수 사이를 100등분한다는 것을 이해하고 적용할 수 있습니다.		
5. 소수점 이하의 숫자가 두 자리 수인 경우 두 정수 사이를 100등분하는 것이 쉽지 않으므로, 소수를 분수로 바꿔서 표시하는 것이 더 편리하다는 것을 이해하고 적용할 수 있습니다.		
6. 소수를 분수로 바꿀 때 소수점 이하 숫자가 한 자리 수이면 10이 분모가 되며(예: $0.7 = \frac{7}{10}$, $2.1 = \frac{21}{10}$), 소수점 이하 숫자가 두 자리 수이면 100이 분모가 됨을 이해하고 적용할 수 있습니다(예: $0.34 = \frac{34}{100}$, $2.21 = \frac{221}{100}$).		
7. 수직선에 두 수의 대응점을 그리면 수직선 위에서 오른쪽에 있는 수가 항상 크다는 것을 이해하고 적용할 수 있습니다.		

혼자 풀어 보는 문제(1~7)

오늘 배운 것을 기억하면서 문제를 혼자 풀어 보는 시간입니다. 내비게이션 2.6 을 사용하면 도움이 됩니다.

수직선을 그리고, 다음 수에 대응하는 점을 수직선 위에 나타내시오.

1. -2.5

2. $\frac{8}{3}$

다음 두 수의 크기를 > 또는 <를 사용하여 비교하시오.

3. -0.01 ______ 0

4. $\frac{4}{3}$ ______ 1.2

5. $-\frac{11}{4}$ ______ -3

6. -2.5 ______ -2.3

7. $+0.257$ ______ $+0.28$

7차시

정수와 유리수의 덧셈

사전평가(1~7)

다음을 계산하시오.

1. $(+14)+(+21)=$ ______

2. $3+9+7=($ ______ $+$ ______ $)+$ ______ $=$ ______

3. $(+5)+(-11)=$ ______

4. $(-8.2) + (-4.2) =$ ______

5. $(-9) + (-15) =$ ______

6. $(-\frac{5}{7}) + (+\frac{5}{21}) =$ ______

7. $(+4.5) + (+2.9) + (-2.5) =$ (_____ + _____) + _____ = _____

보여 주는 문제(1~3)

다음을 계산하시오.

❶ $(+5) + (+6)$

1. 1단계: 두 수의 부호 확인하기
   - $(+5)$와 $(+6)$은 같은 양의 부호이다.

2. 2단계: 두 수의 절댓값의 합 구하기
   - $(+5)$의 절댓값($|+5|$)은 5이고, $(+6)$의 절댓값($|+6|$)은 6이므로 두 절댓값의 합은 11이다.

3. 3단계: 절댓값의 합의 부호 결정하기
   - 두 절댓값의 합에 공통 부호인 양의 부호(+)를 붙여 준다.
   - $(+5) + (+6) = +11$

❷ $(-4) + (-7)$

1. 1단계: 두 수의 부호 확인하기
   - (-4)와 (-7)은 같은 음의 부호를 가진 수들이다.

2. 2단계: 두 수의 절댓값의 합 구하기
   - (−4)의 절댓값(|−4|)은 4이고, (−7)의 절댓값(|−7|)은 7이므로 두 절댓값의 합은 11이다.

3. 3단계: 절댓값의 합의 부호 결정하기
   - 공통 부호인 음의 부호 −를 붙여 주면 (−4) + (−7) = −11이다.

❸ (−13) + (+5)

1. 1단계: 두 수의 부호 확인하기
   - (−13)과 (+5)는 다른 부호를 가진 수들이다.

2. 2단계: 두 수의 절댓값의 차이 구하기
   - (−13)의 절댓값(|−13|)은 13이고, (+5)의 절댓값(|+5|)은 5이므로 두 절댓값의 차는 13 − 5 = 8이 된다.

3. 3단계: 절댓값 차이의 부호 결정하기
   - 절댓값이 큰 수의 부호를 붙여 준다.
   - 여기서는 −13의 부호인 음의 부호(−)를 붙여 주어 (−13) + (+5) = −8이다.

함께 풀어 보는 문제(1~3)

다음을 계산하시오.

1) $(-6) + (-3)$

2) $(-4) + (+2)$

3) $(+\frac{4}{5}) + (-\frac{2}{5})$

Level 2
7차시

선생님과 함께 문제를 푸는 동안 문제 풀이를 아래에 적어 보시오.

❶ $(-6) + (-3)$

1. 1단계: 두 수의 부호 확인하기

2. 2단계: 두 수의 절댓값의 합 구하기

3. 3단계: 절댓값의 합의 부호 결정하기

2 $(-4)+(+2)$

1. 1단계: 두 수의 부호 확인하기

2. 2단계: 두 수의 절댓값의 차이 구하기

3. 3단계: 절댓값의 차이의 부호 결정하기

3 $(+\frac{4}{5})+(-\frac{2}{5})$

1. 1단계: 두 수의 부호 확인하기

2. 2단계: 두 수의 절댓값의 차이 구하기

3. 3단계: 절댓값의 차이의 부호 결정하기

아 그렇구나! (1~3)

❶ (−3.8) + 0은 왜 혼동되는 문제입니까?

정수나 유리수의 덧셈에서 첫 번째 할 일은 같은 부호를 가진 두 수의 덧셈 문제인지 다른 부호를 가진 두 수의 덧셈 문제인지를 확인하는 것입니다. 이 문제에 포함된 0은 양수도 음수도 아니므로 지금까지 배운 방법을 적용하는 데 어려움이 있습니다. 어떤 수에 0을 더하면 얼마입니까? 어떤 수에 0을 더하면 자기 자신이 됩니다. 따라서 (−3.8) + 0 = (−3.8)이 됩니다.

❷ (−2.2) + (+2.2)는 왜 혼동되는 문제입니까?

이 문제는 부호가 다르지만 절댓값이 같은 두 소수의 덧셈 문제입니다. 부호가 다른 수의 덧셈을 할 때는 절댓값을 먼저 구한 후, 두 절댓값의 차이를 구해 주고, 절댓값이 큰 수의 부호를 붙여 준다고 배웠습니다. −2.2와 +2.2의 절댓값은 둘 다 2.2입니다. 2.2 − 2.2는 0이므로 부호를 붙여 줄 필요가 없습니다. 부호가 다르지만 절댓값이 같은 두 수(정수, 분수, 소수 모두)의 합은 0이 됩니다.

3 $(+\frac{3}{7}) + (+7.3) + (-\frac{3}{7})$은 왜 혼동되는 문제입니까?

이 문제는 세 수를 더해야 하는 문제입니다. 교환법칙이나 결합법칙을 사용하지 않고 차례대로 숫자를 더하면 분수와 소수의 혼합덧셈을 두 번 해야 하므로 실수할 가능성이 있습니다. 교환법칙을 적용하면 $(+7.3)$과 $(-\frac{3}{7})$의 자리를 바꿀 수 있으므로 $(+\frac{3}{7}) + (-\frac{3}{7}) + (+7.3)$이 됩니다. 다음으로 결합법칙을 적용하여 식을 바꾸면 $(+\frac{3}{7} + -\frac{3}{7}) + (+7.3)$이 됩니다. $(+\frac{3}{7})$과 $(-\frac{3}{7})$의 덧셈 결과는 0이 되므로 0과 7.3을 더하면 답을 구할 수 있습니다. 어떤 수에 0을 더하면 자기 자신이 합의 결과가 됩니다. 따라서 $0 + 7.3$은 7.3이 됩니다.

배움 체크하기

오늘 우리가 함께 공부한 것을 혼자서도 할 수 있는지 체크해 봅시다. 혼자서도 할 수 있으면 👍, 선생님의 도움이 더 필요하다면 ?에 동그라미로 표시하세요.

배움 체크 리스트	👍	?
1. 정수의 절댓값을 구할 수 있습니다.		
2. 분수나 소수의 절댓값을 구할 수 있습니다.		
3. 부호가 같은 두 정수의 합을 구할 때는 두 수의 절댓값을 구한 후 두 절댓값의 합을 구하고, 두 수의 공통 부호를 붙인다는 것을 이해하고 적용할 수 있습니다.		
4. 부호가 다른 두 정수의 합을 구할 때는 두 수의 절댓값을 구한 후 두 절댓값의 차를 구하고, 절댓값이 큰 수의 부호를 붙여 준다는 것을 이해하고 적용할 수 있습니다.		
5. 부호가 같은 두 분수나 소수의 합을 구할 때는 두 수의 절댓값을 구한 후 두 절댓값의 합을 구하고, 두 수의 공통 부호를 붙여 준다는 것을 이해하고 적용할 수 있습니다.		
6. 부호가 다른 두 분수나 소수의 합을 구할 때는 두 수의 절댓값을 구한 후 두 절댓값의 차를 구하고, 절댓값이 큰 수의 부호를 붙여 준다는 것을 이해하고 적용할 수 있습니다.		
7. 세 개 이상의 수를 덧셈할 때, 교환법칙이나 결합법칙을 적용하여 문제를 푸는 방법을 이해하고 적용할 수 있습니다.		

혼자 풀어 보는 문제(1~7)

오늘 배운 것을 기억하면서 문제를 혼자 풀어 보는 시간입니다. 내비게이션 2.7 을 사용하면 도움이 됩니다.

다음을 계산하시오.

1. $(+12)+(+23)=$ ________

2. $4+17+6=($ ________ $+$ ________ $)+$ ________

$=$ ________ $+$ ________ $=$ ________

3. $(+6)+(-12)=$ ________

4. $(-4.8)+(-8.2)=$ ________

5. $(-8)+(-14)=$ ________

Level 2
7차시

6. $(-\frac{3}{4})+(+\frac{9}{16})=$ ________

7. $(+3.5)+(+2.9)+(-3.5)=($ ________ $+$ ________ $)+$ ________

$=$ ________ $+$ ________ $=$ ________

8차시

덧셈의 교환법칙과 결합법칙

사전평가(1~7)

다음을 계산하시오.

1. $4 + (-21) =$ ____________

2. $(-3) + (-8) =$ ____________

덧셈의 교환법칙과 결합법칙을 사용하여 다음 문제를 계산하시오.

3. $(-5)+(-11)+(+5)=(\_\_\_\_\_\_+\_\_\_\_\_\_)+\_\_\_\_\_\_=\_\_\_\_\_\_$

4. $(-8.2)+(-4.2)+(-1.8)=(\_\_\_\_\_\_+\_\_\_\_\_\_)+\_\_\_\_\_\_=\_\_\_\_\_\_$

5. $(+1.2)+(-2)+(+0.8)=(\_\_\_\_\_\_+\_\_\_\_\_\_)+\_\_\_\_\_\_=\_\_\_\_\_\_$

6. $(+\frac{5}{2})+(-7)+(+\frac{3}{2})=(\_\_\_\_\_\_+\_\_\_\_\_\_)+\_\_\_\_\_\_=\_\_\_\_\_\_$

7. $(+\frac{2}{3})+(-\frac{7}{4})+(+\frac{4}{3})=(\_\_\_\_\_\_+\_\_\_\_\_\_)+\_\_\_\_\_\_=\_\_\_\_\_\_$

보여 주는 문제(1~3)

덧셈의 교환법칙과 결합법칙을 적용하여 다음을 계산하시오.

❶ $(+5)+(+6)+(+5)$

1. 1단계: 두 수의 합이 0, 10 또는 간단한 정수가 되는 두 수 찾기

- 덧셈의 결과가 0이 되거나(덧셈의 항등원) 10의 배수가 되거나 간단한 정수가 되는 두 수가 있는지 확인한다.

→ $(+5)+(+5)=10$

Level 2
8차시

2. 2단계: 교환법칙을 적용하여 수의 위치 변경하기

- 두 수의 합이 간단한 수(0, 10, 정수)가 되는 두 수가 나란히 위치하도록 교환법칙을 적용하여 수식을 재정리한다.

→ $(+5)+(+5)+(+6)$

3. 3단계: 결합법칙을 적용하여 덧셈하기

- 두 수의 합이 간단한 수가 되는 두 수를 괄호로 묶어서 먼저 계산한다.

→ $\{(+5)+(+5)\}+(+6)=10+(+6)$

4. 4단계: 남은 식 계산하기

- 남아 있는 덧셈식을 계산한다.

→ $10+(+6)=16$

❷ $(-2.4) + (-7) + (-0.6)$

1. 1단계: 두 수의 합이 0, 10 또는 간단한 정수가 되는 두 수 찾기
   - 덧셈의 결과가 0이 되거나 10의 배수가 되거나 간단한 정수가 되는 두 수가 있는지 확인한다.

   → $(-2.4) + (-0.6) = -3.0$

2. 2단계: 교환법칙을 적용하여 수의 위치 변경하기
   - 두 수의 합이 간단한 수(0, 10, 정수)가 되는 두 수가 나란히 위치하도록 교환법칙을 적용하여 수식을 재정리한다.

   → $(-2.4) + (-0.6) + (-7)$

3. 3단계: 결합법칙을 적용하여 덧셈하기
   - 두 수의 합이 간단한 수가 되는 두 수를 괄호로 묶어서 먼저 계산한다.

   → $\{(-2.4) + (-0.6)\} + (-7) = (-3) + (-7)$

4. 4단계: 남은 식 계산하기
   - 남아 있는 덧셈식을 계산한다.

   → $(-3) + (-7) = -10$

❸ $(-\frac{3}{4}) + (+5) + (-\frac{5}{4})$

1. 1단계: 두 수의 합이 0, 10 또는 간단한 정수가 되는 두 수 찾기
   - 덧셈의 결과가 0이 되거나(덧셈의 항등원) 10의 배수가 되거나 간단한 정수가 되는 두 수가 있는지 확인한다.

   → $(-\frac{3}{4}) + (-\frac{5}{4}) = -\frac{8}{4} = -2$

2. 2단계: 교환법칙을 적용하여 수의 위치 변경하기
   - 두 수의 합이 간단한 정수가 되는 두 수가 나란히 위치하도록 교환법칙을 적용하여 수식을 재정리한다.

   → $(-\frac{3}{4}) + (-\frac{5}{4}) + (+5)$

3. 3단계: 결합법칙을 적용하여 덧셈하기
   - 두 수의 합이 간단한 정수가 되는 두 수를 괄호로 묶어서 먼저 계산한다.

   → $\{(-\frac{3}{4}) + (-\frac{5}{4})\} + (+5) = (-2) + (+5)$

4. 4단계: 남은 식 계산하기
   - 남아 있는 덧셈식을 계산한다.

   → $-2 + (+5) = +3$

Level 2
8차시

함께 풀어 보는 문제(1~3)

덧셈의 교환법칙과 결합법칙을 적용하여 다음을 계산하시오.

1) $(+51) + (-89) + (+19)$

2) $(+3.5) + (+1.7) + (-4.5)$

3) $(+\frac{3}{5}) + (+\frac{3}{2}) + (+\frac{2}{5})$

선생님과 함께 문제를 푸는 동안 문제 풀이를 아래에 적어 보시오.

1 $(+51) + (-89) + (+19)$

1. 1단계: 두 수의 합이 0, 10 또는 간단한 정수가 되는 두 수 찾기

2. 2단계: 교환법칙을 적용하여 수의 위치 변경하기

3. 3단계: 결합법칙을 적용하여 덧셈하기

4. 4단계: 남은 식 계산하기

정답

❷ $(+3.5)+(+1.7)+(-4.5)$

1. 1단계: 두 수의 합이 0, 10 또는 간단한 정수가 되는 두 수 찾기

Level 2
8차시

2. 2단계: 교환법칙을 적용하여 수의 위치 변경하기

3. 3단계: 결합법칙을 적용하여 덧셈하기

4. 4단계: 남은 식 계산하기

정답

❸ $(+\frac{3}{5}) + (+\frac{3}{2}) + (+\frac{2}{5})$

1. 1단계: 두 수의 합이 0, 10 또는 간단한 정수가 되는 두 수 찾기

2. 2단계: 교환법칙을 적용하여 수의 위치 변경하기

3. 3단계: 결합법칙을 적용하여 덧셈하기

4. 4단계: 남은 식 계산하기

정답

아 그렇구나! (1~2)

1 $(+\frac{3}{7}) + (+7.3) + (-\frac{3}{7})$은 왜 혼동되는 문제입니까?

교환법칙이나 결합법칙을 사용하지 않고 차례대로 숫자를 더하면 분수와 소수의 혼합덧셈을 두 번 해야 하므로 실수할 가능성이 있습니다. 교환법칙을 적용하면 $(+7.3)$과 $(-\frac{3}{7})$의 자리를 바꿀 수 있으므로 $(+\frac{3}{7}) + (-\frac{3}{7}) + (+7.3)$이 됩니다. 다음으로, 결합법칙을 적용하여 식을 바꾸면 $(+\frac{3}{7} + -\frac{3}{7}) + (+7.3)$이 됩니다. $+\frac{3}{7}$과 $-\frac{3}{7}$의 덧셈 결과는 0이 되므로, 0과 7.3을 더하면 그 값은 7.3이 됩니다.

2 $(+0.75) + (-\frac{7}{3}) + (-\frac{3}{4})$은 왜 혼동되는 문제입니까?

이 문제는 소수와 분수가 섞여 있는 덧셈입니다. $+0.75$는 $+\frac{3}{4}$이므로 $+0.75$를 $+\frac{3}{4}$으로 바꿔 줍니다. $+\frac{3}{4}$과 $-\frac{3}{4}$은 덧셈의 역원이며 이 두 수의 합은 0입니다. 이 사실을 인식하지 못하면, 교환법칙을 사용하여 $(-\frac{7}{3})$과 $(-\frac{3}{4})$의 순서를 바꾸어 위치한 후 결합법칙을 적용하여 식을 $\{(+0.75) + (-\frac{3}{4})\} + (-\frac{7}{3})$로 바꾸지 못하게 됩니다. $\{(+0.75) + (-\frac{3}{4})\} + (-\frac{7}{3}) = 0 + (-\frac{7}{3}) = (-\frac{7}{3})$이 됩니다.

배움 체크하기

오늘 우리가 함께 공부한 것을 혼자서도 할 수 있는지 체크해 봅시다. 혼자서도 할 수 있으면 👍, 선생님의 도움이 더 필요하다면 (?)에 동그라미로 표시하세요.

배움 체크 리스트	👍	(?)
1. 정수나 유리수의 덧셈의 역원과 항등원의 의미를 이해합니다.		
2. 부호가 같은 두 정수나 유리수의 합을 구할 때는 두 수의 절댓값을 구한 후 두 절댓값의 합을 구하고, 두 수의 공통 부호를 붙여 준다는 것을 이해하고 적용할 수 있습니다.		
3. 부호가 다른 두 정수나 유리수의 합을 구할 때는 두 수의 절댓값을 구한 후 두 절댓값의 차를 구하고, 절댓값이 큰 수의 부호를 붙여 준다는 것을 이해하고 적용할 수 있습니다.		
4. 덧셈의 교환법칙과 결합법칙의 의미를 이해하고 적용할 수 있습니다.		
5. 세 수 이상의 덧셈을 할 때는 두 수의 합이 0, 10 또는 간단한 정수가 되는 두 수가 있는지를 먼저 확인해야 한다는 것을 이해하고 적용할 수 있습니다.		
6. 세 수 이상의 덧셈을 할 때는 두 수의 합이 0, 10 또는 간단한 정수가 되는 두 수가 있을 때, 두 수가 이웃하여 위치하도록 덧셈의 교환법칙을 적용하여 수들의 위치를 바꾼다는 것을 이해하고 적용할 수 있습니다.		
7. 세 수 이상의 덧셈을 할 때는 두 수의 합이 0, 10 또는 간단한 정수가 되는 두 수가 이웃하여 위치하였을 경우, 덧셈의 결합법칙을 적용하여 두 수를 괄호로 묶어 먼저 계산한다는 것을 이해하고 적용할 수 있습니다.		

혼자 풀어 보는 문제(1 ~ 7)

오늘 배운 것을 기억하면서 문제를 혼자 풀어 보는 시간입니다. 내비게이션 2.8 을 사용하면 도움이 됩니다.

다음을 계산하시오.

1. $(-7)+(+24)=$ ______________

Level 2
8차시

2. $(-13)+(-7)=$ ______________

교환법칙과 결합법칙을 적용하여 다음을 계산하시오.

3. $(-6)+(-13)+(+6)=(\_\_\_\_\_+\_\_\_\_\_)+\_\_\_\_\_=\_\_\_\_\_$

4. $(-6.2)+(-4.2)+(-3.8)=(\_\_\_\_\_+\_\_\_\_\_)+\_\_\_\_\_=\_\_\_\_\_$

5. $(+2.2)+(-3)+(+0.8)=(\_\_\_\_\_+\_\_\_\_\_)+\_\_\_\_\_=\_\_\_\_\_$

6. $(+\frac{3}{2})+(-6)+(+\frac{7}{2})=(\_\_\_\_\_+\_\_\_\_\_)+\_\_\_\_\_=\_\_\_\_\_$

7. $(+\frac{2}{5})+(-\frac{7}{4})+(+\frac{3}{5})=(\_\_\_\_\_+\_\_\_\_\_)+\_\_\_\_\_=\_\_\_\_\_$

9차시

정수와 유리수의 뺄셈

사전평가(1~7)

다음을 계산하시오.

1. $(+14)+(-21)=$ ________

2. $0+(-2)=$ ________

3. $(+5)-(-11)=$ ________

4. $(-7) - (-7) =$ __________

5. $(-8.2) - (-4.2) =$ __________

6. $(-9) - (+15) =$ __________

7. $(-\frac{3}{13}) - (-\frac{7}{13}) - (\frac{9}{26}) =$ __________

보여 주는 문제(1~3)

다음을 계산하시오.

1 $(+4)-(+6)$

1. 1단계: 뺄셈 기호 자리에 덧셈 기호를 쓰고, 뺄셈 기호는 괄호 앞에 쓰기
   - $(+4)-(+6)=(+4)+-(6)$

2. 2단계: 괄호 앞 뺄셈 기호를 없애 주고, 더해지는 수 대신 그 수의 덧셈의 역원 쓰기
   - $-(6)$에서 $-$는 없애 주고 6 대신 6의 덧셈의 역원인 -6을 쓴다.

   → $(+4)+-(6)=(+4)+(-6)$

3. 3단계: 유리수의 덧셈 절차를 따라 덧셈 계산하기
   - $(+4)+(-6)$은 부호가 다른 두 정수의 덧셈이므로, 절댓값의 차이를 구하고 절댓값이 큰 수의 부호를 붙여 준다.

   → $(+4)+(-6)=-2$

Level 2
9차시

❷ $(+3)-(-5)$

1. 1단계: 뺄셈 기호 자리에 덧셈 기호를 쓰고, 뺄셈 기호는 괄호 앞에 쓰기
   - $(+3) - (-5) = (+3) + -(-5)$

2. 2단계: 괄호 앞 뺄셈 기호를 없애 주고, 더해지는 수 대신 그 수의 덧셈의 역원 쓰기
   - 괄호 앞 −를 없애고 (-5) 대신 (-5)의 덧셈의 역원 $(+5)$를 쓴다.

   → $(+3) + -(-5) = (+3) + (+5)$

3. 3단계: 유리수의 덧셈 절차를 따라 덧셈 계산하기
   - $(+3) + (+5)$는 부호가 같은 두 정수의 덧셈이므로, 절댓값의 합을 구하고 공통 부호인 +를 붙여 준다.

   → $(+3) + (+5) = +8$

❸ $(-3)-(-5)$

1. 1단계: 뺄셈 기호 자리에 덧셈 기호를 쓰고, 뺄셈 기호는 괄호 앞에 쓰기
   - $(-3) - (-5) = (-3) + -(-5)$

2. 2단계: 괄호 앞 뺄셈 기호를 없애 주고, 더해지는 수 대신 그 수의 덧셈의 역원 쓰기

- 괄호 앞 − 기호를 없애고 (-5) 대신 -5의 덧셈의 역원인 5를 쓴다.

→ $(-3) + -(-5) = (-3) + (+5)$

3. 3단계: 유리수의 덧셈 절차를 따라 덧셈 계산하기

- $(-3) + (+5)$는 부호가 다른 두 정수의 덧셈이므로, 절댓값의 차이를 구하고 절댓값이 큰 수의 부호를 붙여 준다.

→ $(-3) + (+5) = +2$

함께 풀어 보는 문제(1~3)

다음을 계산하시오.

1) $(-6)-(+11)$

2) $(-15)-(-2)$

3) $(+\frac{4}{5})-(-\frac{2}{3})$

선생님과 함께 문제를 푸는 동안 문제 풀이를 아래에 적어 보시오.

1 $(-6)-(+11)$

1. 1단계: 뺄셈 기호 자리에 덧셈 기호를 쓰고, 뺄셈 기호는 괄호 앞에 쓰기

2. 2단계: 괄호 앞 뺄셈 기호를 없애 주고, 더해지는 수 대신 그 수의 덧셈의 역원 쓰기

3. 3단계: 유리수의 덧셈 절차를 따라 계산하기

❷ $(-15)-(-2)$

1. 1단계: 뺄셈 기호 자리에 덧셈 기호를 쓰고, 뺄셈 기호는 괄호 앞에 쓰기

2. 2단계: 괄호 앞 뺄셈 기호를 없애 주고, 더해지는 수 대신 그 수의 덧셈의 역원 쓰기

3. 3단계: 유리수의 덧셈 절차를 따라 계산하기

❸ $(+\frac{4}{5})-(-\frac{2}{3})$

1. 1단계: 뺄셈 기호 자리에 덧셈 기호를 쓰고, 뺄셈 기호는 괄호 앞에 쓰기

2. 2단계: 괄호 앞 뺄셈 기호를 없애 주고, 더해지는 수 대신 그 수의 덧셈의 역원 쓰기

3. 3단계: 유리수의 덧셈 절차를 따라 계산하기

아 그렇구나! (1~3)

❶ (0) − (3.2)는 왜 혼동되는 문제입니까?

정수나 유리수에서 0은 없다는 뜻이 아니라 양수와 음수를 만드는 기준점이 되는 수로 이해해야 합니다. 즉, 기준점에서 음수 방향으로 3.2만큼 이동한다고 생각해야 하며, 아무것도 없는 것에서 3.2를 뺀다고 이해하면 문제 풀이가 어려워집니다. 또한 뺄셈 절차에 따라 답을 계산할 때는 두 유리수가 같은 부호를 가졌는지 다른 부호를 가졌는지를 결정해야 합니다. 그러나 0은 양수도 음수도 아니므로 지금까지 배운 방법을 적용하는 데 어려움이 있습니다. 0에서 3.2만큼 음의 방향으로 이동한 점은 −3.2입니다.

❷ $(-\frac{4}{3}) - (+\frac{4}{3}) - (-\frac{5}{12})$는 왜 혼동되는 문제입니까?

이 문제는 세 분수의 뺄셈을 해야 하는 문제입니다. 결합법칙이나 교환법칙을 어떻게 써야 할지 쉽게 알 수 없을 때는 왼쪽부터 오른쪽으로 순서대로 연산을 해 주면 됩니다. 먼저, $(-\frac{4}{3}) - (+\frac{4}{3})$를 계산한 후 그 결과와 마지막 분수$(-\frac{5}{12})$의 뺄셈을 해 줍니다. 간단히 요약하면 다음과 같습니다.

$$(-\frac{4}{3}) - (+\frac{4}{3}) - (-\frac{5}{12})$$

$$\rightarrow \quad -\frac{8}{3} - (-\frac{5}{12}) = -\frac{27}{12} = -\frac{9}{4}$$

❸ 12 − 26은 왜 혼동되는 문제입니까?

주어진 문제에 나와 있는 두 정수에는 부호가 없습니다. 양의 정수들은 편의상 양의 부호를 생략하고 사용합니다. 12는 +12와 같고, 26는 +26과 같습니다. 12 − 26을 덧셈식으로 바꾸면 12 + (−26)이 됩니다. 부호가 다른 정수의 덧셈이므로 두 수의 절댓값의 차이를 구하고, 절댓값이 큰 수의 부호를 붙여 줍니다. (+12) + (−26) = −14가 정답입니다.

배움 체크하기

오늘 우리가 함께 공부한 것을 혼자서도 할 수 있는지 체크해 봅시다. 혼자서도 할 수 있으면 👍, 선생님의 도움이 더 필요하다면 ?에 동그라미로 표시하세요.

배움 체크 리스트	👍	?
1. 정수, 분수, 소수의 절댓값을 구할 수 있습니다.		
2. 유리수의 덧셈의 역원을 구할 수 있습니다.		
3. 부호가 같은 두 유리수의 합을 구할 때는 두 수의 절댓값을 구한 후 두 절댓값의 합을 구하고, 두 수의 공통 부호를 붙여 준다는 것을 이해하고 적용할 수 있습니다.		
4. 부호가 다른 두 유리수의 합을 구할 때는 두 수의 절댓값을 구한 후 두 절댓값의 차를 구하고, 절댓값이 큰 수의 부호를 붙여 준다는 것을 이해하고 적용할 수 있습니다.		
5. 유리수의 뺄셈을 할 때는 먼저 뺄셈을 덧셈으로 바꾸고, 더해지는 수 대신 그 수의 덧셈의 역원을 써서 수식을 바꿔 준다는 것을 이해하고 적용할 수 있습니다.		
6. 유리수의 뺄셈을 할 때는 뺄셈식을 덧셈식으로 바꾼 후 유리수의 덧셈 방법을 이용해 정답을 구한다는 것을 이해하고 적용할 수 있습니다.		
7. 세 개 이상의 수의 뺄셈을 할 때는 교환법칙이나 결합법칙을 적용하여 문제를 풀 수 있다는 것을 이해하고 적용할 수 있습니다.		

혼자 풀어 보는 문제(1~7)

오늘 배운 것을 기억하면서 문제를 혼자 풀어 보는 시간입니다. 내비게이션 2.9 를 사용하면 도움이 됩니다.

다음을 계산하시오.

1. $(+15)+(-22)=$ ______

2. $0+(-5)=$ ______

3. $(+7)-(-13)=$ ______

4. $(-9)-(-9)=$ ________

5. $(-9.4)-(-9.6)=$ ________

6. $(-6)-(+12)=$ ________

Level 2
9차시

7. $(-\frac{4}{11})-(-\frac{4}{11})-(+\frac{7}{22})=$ ________

10차시

유리수의 덧셈과 뺄셈의 혼합계산

사전평가(1~7)

다음을 계산하시오.

1. $(+4)+(-6)=$ ________

2. $(-3)-(-9)=$ ________

3. $(-5)-(-11)-(-7)=$ ________

4. $(-8.2) + (-3.1) - (+5.1) =$ ________

5. $-2 + 7 - 4 =$ ________

6. $(+\frac{5}{2}) + (-7) - (-\frac{3}{2}) =$ ________

7. $(-\frac{1}{5}) - (+\frac{7}{10}) - (+\frac{4}{15}) =$ ________

보여 주는 문제(1~3)

다음을 계산하시오.

1 $(-8)-(+6)+(-5)$

1. 1단계: 뺄셈식을 덧셈식으로 전환
   - 뺄셈 기호를 덧셈 기호로 바꾸고, 뺄셈 기호 다음에 오는 수의 부호를 반대 부호로 바꾼다.

   $\rightarrow (-8)-(+6)+(-5)=(-8)+(-6)+(-5)$

2. 2단계: 덧셈의 교환법칙과 결합법칙을 적용한 후 덧셈 계산

   $\rightarrow (-8)+(-6)+(-5)$

   $=\{(-8)+(-6)\}+(-5)$ ← 덧셈의 결합법칙

   $=-14+(-5)$

   $=-19$

Level 2
10차시

2 $(-2.4)-(-7)+(-0.6)$

1. 1단계: 뺄셈식을 덧셈식으로 전환

- 뺄셈 기호를 덧셈 기호로 바꾸고, 뺄셈 기호 다음에 오는 수의 부호를 반대 부호로 바꾼다.

$\rightarrow (-2.4) - (-7) + (-0.6) = (-2.4) + (+7) + (-0.6)$

2. 2단계: 덧셈의 교환법칙과 결합법칙을 적용한 후 덧셈 계산

$\rightarrow (-2.4) + (+7) + (-0.6)$

$= (-2.4) + (-0.6) + (+7)$ ← 덧셈의 교환법칙

$= \{(-2.4) + (-0.6)\} + (+7)$ ← 덧셈의 결합법칙

$= (-3.0) + (+7)$

$= (+4)$

❸ $(-\frac{5}{13}) - (+\frac{12}{13}) - (-\frac{5}{26})$

1. 1단계: 뺄셈식을 덧셈식으로 전환

- 뺄셈 기호를 덧셈 기호로, 뺄셈 기호 바로 뒤에 오는 수의 부호를 반대 부호로 바꾼다.

$\rightarrow (-\frac{5}{13}) - (+\frac{12}{13}) - (-\frac{5}{26}) = (-\frac{5}{13}) + (-\frac{12}{13}) + (+\frac{5}{26})$

2. 2단계: 덧셈의 교환법칙과 결합법칙을 적용한 후 덧셈식 계산

$\rightarrow (-\frac{5}{13}) + (-\frac{12}{13}) + (+\frac{5}{26})$

$$= \left\{\left(-\frac{5}{13}\right) + \left(-\frac{12}{13}\right)\right\} + \left(+\frac{5}{26}\right)$$ ← 덧셈의 결합법칙

$$= \left(-\frac{17}{13}\right) + \left(+\frac{5}{26}\right)$$

$$= \left(-\frac{29}{26}\right)$$

Level 2
10차시

함께 풀어 보는 문제(1~3)

다음을 계산하시오.

1) $(+31)-(-59)+(-19)$

2) $(-3.5)-(+1.7)-(-4.5)$

3) $\left(+\frac{3}{5}\right)-\left(+\frac{3}{2}\right)+\left(+\frac{2}{5}\right)$

선생님과 함께 문제를 푸는 동안 문제 풀이를 아래에 적어 보시오.

1 $(+31)-(-59)+(-19)$

1. 1단계: 뺄셈식을 덧셈식으로 전환

2. 2단계: 덧셈의 교환법칙과 결합법칙을 적용 후 덧셈식 계산

❷ $(-3.5)-(+1.7)-(-4.5)$

1. 1단계: 뺄셈식을 덧셈식으로 전환

2. 2단계: 덧셈의 교환법칙과 결합법칙을 적용 후 덧셈식 계산

❸ $(+\frac{3}{5})-(+\frac{3}{2})+(+\frac{2}{5})$

Level 2
10차시

1. 1단계: 뺄셈식을 덧셈식으로 전환

2. 2단계: 덧셈의 교환법칙과 결합법칙을 적용 후 덧셈식 계산

아 그렇구나! (1~2)

1 (+21) − (+13) − (+3)은 왜 혼동되는 문제입니까?

빨셈에서는 결합법칙이 성립하지 않습니다. 그런데 (+13)에서 (+3)을 빼면 +10이 되므로 (+13)과 (+3)의 뺄셈에 결합법칙을 적용하여 먼저 계산할 경우 주어진 식이 (+21) − {(+13) − (+3)}이 되어 +11이라는 오답을 갖게 됩니다. 정답은 (+21) − (+13) − (+3) = +5입니다.

2 −3 − 5 + 7 − 11은 왜 혼동되는 문제입니까?

(−3)을 제외하고 계산식에 포함된 나머지 수들의 부호가 생략되어 있습니다. 부호가 생략된 경우에는 생략된 부호(+)를 각 숫자 앞에 써서 식을 다시 정리한 후 수식을 계산합니다. (−3)은 이미 부호를 가지고 있으므로 +를 써 주지 않습니다. (−3) − (+5) + (+7) − (+11)이 정리된 수식이며, 혼합계산 방법에 따라 뺄셈식을 덧셈식으로 바꾼 후 덧셈식을 계산합니다.

$$
\begin{aligned}
(-3) - (+5) + (+7) - (+11) &= (-3) + (-5) + (+7) + (-11) \\
&= \{(-3) + (-5)\} + (+7) + (-11) \\
&= -8 + (+7) + (-11) \\
&= (-1) + (-11) \\
&= (-12)
\end{aligned}
$$

배움 체크하기

오늘 우리가 함께 공부한 것을 혼자서도 할 수 있는지 체크해 봅시다. 혼자서도 할 수 있으면 👍, 선생님의 도움이 더 필요하다면 ?에 동그라미로 표시하세요.

배움 체크 리스트	👍	?
1. 부호가 없는 수의 덧셈과 뺄셈을 할 때는 생략된 부호인 양의 부호(+)를 숫자들 앞에 넣어 준 후 계산한다는 것을 이해합니다.		
2. 부호가 같은 두 정수나 유리수의 합을 구할 때는 두 수의 절댓값을 구한 후 두 절댓값의 합을 구하고, 두 수의 공통 부호를 붙여 준다는 것을 이해하고 적용할 수 있습니다.		
3. 부호가 다른 두 정수나 유리수의 합을 구할 때는 두 수의 절댓값을 구한 후 두 절댓값 간의 차이를 구하고, 절댓값이 큰 수의 부호를 붙여 준다는 것을 이해하고 적용할 수 있습니다.		
4. 덧셈의 교환법칙의 의미를 이해하고 세 수 이상의 덧셈 계산에 적용할 수 있습니다.		
5. 덧셈의 결합법칙의 의미를 이해하고 세 수 이상의 덧셈 계산에 적용할 수 있습니다.		
6. 뺄셈식을 계산할 때는 뺄셈을 덧셈으로 바꾸고, 뺄셈 기호 다음에 오는 수의 부호를 반대 부호로 바꾸어 계산한다는 것을 이해하며 적용할 수 있습니다.		
7. 혼합계산은 뺄셈을 덧셈으로 바꾼 후 덧셈식으로 풀어 준다는 것을 이해하고 계산할 수 있습니다.		

혼자 풀어 보는 문제(1~7)

오늘 배운 것을 기억하면서 문제를 혼자 풀어 보는 시간입니다. 내비게이션 2.10 을 사용하면 도움이 됩니다.

다음을 계산하시오.

1. $(+5) + (-7) =$ ____________

2. $(-4) - (-8) =$ ____________

3. $(-9) - (-12) - (-7) =$ ____________

4. $(-5.3)-(+7.2)+(-5.1)=$ ____________

5. $-8+6-9=$ ____________

6. $(+\frac{7}{3})+(-5)-(-\frac{5}{3})=$ ____________

Level 2
10차시

7. $(-\frac{4}{5})-(+\frac{3}{10})-(+\frac{7}{15})=$ ____________

11차시

정수와 유리수의 곱셈

사전평가(1~7)

✎ 다음을 계산하시오.

1. $(+4) \times (+2) =$ ________

2. $(+\frac{2}{3}) \times (+\frac{7}{4}) =$ ________

3. $(+6) \times (-2) =$ ________

4. $(-7) \times (+4) =$ __________

5. $(-0.2) \times (+5) =$ __________

6. $(-\frac{1}{3}) \times (-\frac{9}{5}) =$ __________

7. $(-3.2) \times (-2.3) =$ __________

보여 주는 문제(1~3)

다음을 계산하시오.

1 $(+3)\times(+4)$

1. 1단계: 두 수의 부호를 확인하여 곱셈 결과의 부호 결정하기
   - 두 수의 부호가 같으므로 곱셈 결과는 양의 부호(+)를 갖는다.

2. 2단계: 두 수의 절댓값의 곱을 구하기
   - 3과 4의 곱은 12이다.

3. 3단계: 두 수의 절댓값의 곱에 1단계에서 정해진 부호 붙여 주기
   - 12에 +를 붙여 주면 +12이다.

Level 2
11차시

2 $(4)\times(-6)$

1. 1단계: 두 수의 부호를 확인하여 곱셈 결과의 부호 결정하기
   - 두 수의 부호가 다르므로 곱셈 결과는 음의 부호(−)를 갖는다.

2. 2단계: 두 수의 절댓값의 곱을 구하기

- 4와 6의 곱은 24이다.

3. 3단계: 두 수의 절댓값의 곱에 1단계에서 정해진 부호 붙여 주기

- 24에 −를 붙여 주면 −24이다.

❸ $(-3) \times (-\frac{2}{3})$

1. 1단계: 두 수의 부호를 확인하여 곱셈 결과의 부호 결정하기

- 두 수의 부호가 같으므로 곱셈 결과는 양의 부호(+)를 갖는다.

2. 2단계: 두 수의 절댓값의 곱을 구하기

- 3과 $\frac{2}{3}$의 곱은 2이다.

3. 3단계: 두 수의 절댓값의 곱에 1에서 정해진 부호 붙여 주기

- 2에 +를 붙여 주면 +2이다.

함께 풀어 보는 문제(1~3)

다음을 계산하시오.

1) $(-10)\times(+5)$

2) $(-\frac{5}{2})\times(-\frac{4}{5})$

3) $(-2.5)\times(-4.3)$

선생님과 함께 문제를 푸는 동안 문제 풀이를 아래에 적어 보시오.

1 $(-10)\times(+5)$

1. 1단계: 두 수의 부호를 확인하여 곱셈 결과 부호 결정하기

2. 2단계: 두 수의 절댓값의 곱 구하기

3. 3단계: 두 수의 절댓값의 곱에 부호 붙이기

❷ $(-\frac{5}{2}) \times (-\frac{4}{5})$

1. 1단계: 두 수의 부호를 확인하여 곱셈 결과 부호 결정하기

2. 2단계: 두 수의 절댓값의 곱 구하기

3. 3단계: 두 수의 절댓값의 곱에 부호 붙이기

❸ $(-2.5) \times (-4.3)$

1. 1단계: 두 수의 부호를 확인하여 곱셈 결과 부호 결정하기

2. 2단계: 두 수의 절댓값의 곱 구하기

3. 3단계: 두 수의 절댓값의 곱에 부호 붙이기

아 그렇구나! (1~2)

❶ $(-5.7) \times 0$은 왜 혼동되는 문제입니까?

지금까지 배운 두 유리수의 곱셈 절차의 시작은 두 수의 부호를 확인해서 곱셈 결과의 부호를 결정하는 것입니다. 0은 양수도 음수도 아니므로 지금까지 배운 방법을 적용할 수가 없습니다. 어떤 수에 0을 곱하면 언제나 0이 된다는 사실($a \times 0 = 0$)을 기억하고 있으면 혼동 없이 정답을 찾을 수 있습니다.

❷ $(-2\frac{3}{4}) \times (+1\frac{2}{3})$는 왜 혼동되는 문제입니까?

이 문제는 두 수의 절댓값인 $(2\frac{3}{4})$과 $(1\frac{2}{3})$를 각각 가분수인 $\frac{11}{4}$과 $+\frac{5}{3}$로 바꾸어 곱해야 하는데, 두 절댓값의 곱을 구할 때 정수는 정수끼리 곱하고 분수는 분수끼리 곱해서 $(2\frac{3}{4}) \times (1\frac{2}{3}) = (2 \times 1)\frac{3 \times 2}{4 \times 3} = 2\frac{1}{2}$이라 계산하면 오답입니다. 대분수의 곱셈은 대분수를 가분수로 바꾼 후 계산해야 합니다. $(2\frac{3}{4}) \times (1\frac{2}{3}) = \frac{11}{4} \times \frac{5}{3} = \frac{55}{12} = 4\frac{7}{12}$입니다.

Level 2
11차시

배움 체크하기

오늘 우리가 함께 공부한 것을 혼자서도 할 수 있는지 체크해 봅시다. 혼자서도 할 수 있으면 , 선생님의 도움이 더 필요하다면 ?에 동그라미로 표시하세요.

배움 체크 리스트		?
1. 정수, 분수, 소수의 절댓값을 구할 수 있습니다.		
2. 곱셈은 덧셈식의 반복과 같다는 것을 이해합니다(예: $3 \times 2 = 2 + 2 + 2$).		
3. 분수의 곱셈에서 교차약분을 할 수 있습니다.		
4. 같은 부호를 가진 두 유리수의 곱셈의 결과는 양수가 된다는 것을 이해하고 적용할 수 있습니다.		
5. 같은 부호를 가진 두 유리수의 곱셈은 두 수의 절댓값의 곱에 +부호를 붙여 준다는 것을 이해하고 적용할 수 있습니다.		
6. 다른 부호를 가진 두 유리수의 곱셈의 결과는 음수가 된다는 것을 이해하고 적용할 수 있습니다.		
7. 다른 부호를 가진 두 유리수의 곱셈은 두 수의 절댓값의 곱에 −부호를 붙여 준다는 것을 이해하고 적용할 수 있습니다.		

혼자 풀어 보는 문제(1~7)

오늘 배운 것을 기억하면서 문제를 혼자 풀어 보는 시간입니다. 내비게이션 2.11 을 사용하면 도움이 됩니다.

다음을 계산하시오.

1. $(+12)\times(+4) =$ ____________

2. $(+\frac{4}{3})\times(+\frac{11}{4}) =$ ____________

3. $(+9)\times(-3) =$ ____________

4. $(-6) \times (+4) =$ __________

5. $(-0.3) \times (+5) =$ __________

6. $(-\frac{1}{7}) \times (-\frac{21}{5}) =$ __________

7. $(-7.3) \times (-2.7) =$ __________

12차시

정수와 유리수의 나눗셈

사전평가(1~7)

다음을 계산하시오.

1. $(+8) \div (+2) =$ ____________

2. $(+1.8) \div (+0.3) =$ ____________

3. $(+32) \div (-8) =$ ____________

4. $(-56) \div (+7) =$ ___________

5. $(-\frac{3}{4}) \div (-3) =$ ___________

6. $(+\frac{5}{12}) \div (-\frac{2}{3}) =$ ___________

7. $(-1\frac{2}{5}) \div (+1\frac{6}{14}) =$ ___________

보여 주는 문제(1~3)

다음을 계산하시오.

1 $(-32) \div (-4)$

1. 1단계: 두 수의 부호를 확인하여 나눗셈 결과의 부호 결정하기

- 두 수의 부호가 같으므로 나눗셈 결과는 양의 부호(+)를 갖는다.

2. 2단계: 두 수의 절댓값을 나누기

→ $32 \div 4 = 8$

$32 \div 4$

역수

$32 \times \frac{1}{4} = 8$

3. 3단계: 두 수의 절댓값을 나눈 값에 1단계에서 구한 부호 붙이기

- 두 절댓값을 나눈 값 8에 양의 부호를 붙여 주면 $(-32) \div (-4) = +8$ 이다.

❷ $(+48) \div (-6)$

1. 1단계: 두 수의 부호를 확인하여 나눗셈 결과의 부호 결정하기
   - 두 수의 부호가 다르므로 나눗셈 결과는 음의 부호(−)를 갖는다.

2. 2단계: 두 수의 절댓값을 나누기

   $\rightarrow 48 \div 6 = 8$

   $$48 \div 6$$

   역수

   $$48 \times \frac{1}{6} = 8$$

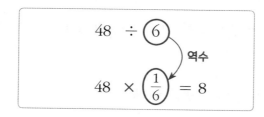

3. 3단계: 두 수의 절댓값을 나눈 값에 1단계에서 구한 부호 붙이기
   - 다른 부호를 가진 두 정수의 나눗셈이므로 두 절댓값을 나눈 값인 8에 음의 부호(−)를 붙여 주면 −8이 정답이다.

❸ $(-6) \div \left(+\frac{2}{3}\right)$

1. 1단계: 두 수의 부호를 확인하여 나눗셈 결과의 부호 결정하기
   - 두 수의 부호가 다르므로 나눗셈 결과는 음의 부호(−)를 갖는다.

2. 2단계: 두 수의 절댓값을 나누기

$\rightarrow 6 \div \dfrac{2}{3} = 6 \times \dfrac{3}{2} = 9$

$$6 \div \frac{2}{3}$$

역수

$$6 \times \frac{3}{2} = 9$$

3. 3단계: 두 수의 절댓값을 나눈 값에 1단계에서 구한 부호를 붙이기

- 부호가 다른 두 수의 나눗셈이므로 두 수의 절댓값을 나눈 값인 9에 음의 부호(−)를 붙인다.
- $(-6) \div (+\dfrac{2}{3}) = -9$이다.

Level 2
12차시

함께 풀어 보는 문제(1~3)

다음을 계산하시오.

1) $(-10.5) \div (-1.5)$

2) $(-\frac{7}{2}) \div (+\frac{14}{5})$

3) $(+\frac{2}{3}) \div (-\frac{6}{5})$

선생님과 함께 문제를 푸는 동안 문제 풀이를 아래에 적어 보시오.

1 $(-10.5) \div (-1.5)$

1. 1단계: 두 수의 부호를 확인하여 나눗셈 결과의 부호 결정하기

2. 2단계: 두 수의 절댓값을 나누기

3. 3단계: 두 수의 절댓값을 나눈 값에 부호 붙이기

❷ $\left(-\frac{7}{2}\right) \div \left(+\frac{14}{5}\right)$

1. 1단계: 두 수의 부호를 확인하여 나눗셈 결과의 부호 결정하기

2. 2단계: 두 수의 절댓값을 나누기

3. 3단계: 두 수의 절댓값을 나눈 값에 부호 붙이기

❸ $\left(+\frac{2}{3}\right) \div \left(-\frac{6}{5}\right)$

1. 1단계: 두 수의 부호를 확인하여 나눗셈 결과의 부호 결정하기

Level 2
12차시

2. 2단계: 두 수의 절댓값을 나누기

3. 3단계: 두 수의 절댓값을 나눈 값에 부호 붙이기

아 그렇구나! (1~3)

❶ $(0) \div (-\frac{4}{3})$는 왜 혼동되는 문제입니까?

두 유리수의 나눗셈을 할 때는, 먼저 두 수의 부호를 확인해서 나눗셈 결과의 부호를 결정합니다. 0은 양수도 음수도 아니므로 지금까지 배운 방법으로는 부호를 결정할 수 없습니다. 0은 0을 제외한 어떤 수로 나눠도 0이 됩니다($0 \div a = 0$).

❷ $(-2\frac{3}{4}) \div (+1\frac{2}{3})$는 왜 혼동되는 문제입니까?

주어진 문제는 대분수의 나눗셈입니다. 두 수의 절댓값($2\frac{3}{4}$과 $1\frac{2}{3}$)을 구한 후, 각 절댓값을 가분수인 $\frac{11}{4}$과 $+\frac{5}{3}$로 바꾸어 나눗셈을 해야 정답을 구할 수 있습니다. 정수는 정수끼리 나누고 분수는 분수끼리 나눠서 $(2 \div 1) + (\frac{3}{4} \div \frac{2}{3}) = 2 + \frac{9}{8} = 3\frac{1}{8}$이라 답하면 오답입니다. 대분수의 나눗셈은 반드시 가분수로 바꾼 후 해야 합니다.

$$
\begin{aligned}
(-2\frac{3}{4}) \div (1\frac{2}{3}) &= (-\frac{11}{4}) \div (\frac{5}{3}) \\
&= (-\frac{11}{4}) \times (\frac{3}{5}) \\
&= -\frac{33}{20}
\end{aligned}
$$

❸ $0 \div 0$은 왜 혼동되는 문제입니까?

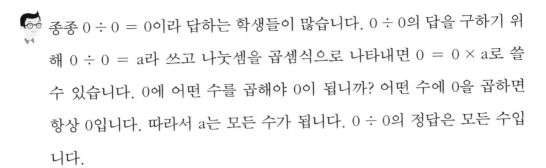

종종 $0 \div 0 = 0$이라 답하는 학생들이 많습니다. $0 \div 0$의 답을 구하기 위해 $0 \div 0 = a$라 쓰고 나눗셈을 곱셈식으로 나타내면 $0 = 0 \times a$로 쓸 수 있습니다. 0에 어떤 수를 곱해야 0이 됩니까? 어떤 수에 0을 곱하면 항상 0입니다. 따라서 a는 모든 수가 됩니다. $0 \div 0$의 정답은 모든 수입니다.

배움 체크하기

오늘 우리가 함께 공부한 것을 혼자서도 할 수 있는지 체크해 봅시다. 혼자서도 할 수 있으면 👍, 선생님의 도움이 더 필요하다면 ?에 동그라미로 표시하세요.

배움 체크 리스트	👍	?
1. 분수, 소수의 나눗셈을 계산할 수 있습니다.		
2. 정수, 분수, 소수의 절댓값을 구할 수 있습니다.		
3. 정수와 유리수의 역수를 이해하고 구할 수 있습니다.		
4. 두 수의 나눗셈을 할 때, 나눗셈 기호를 곱셈 기호로 바꾸고 제수를 역수로 바꾸어 곱셈으로 계산하는 방법을 이해하고 적용할 수 있습니다.		
5. 나눗셈 결과의 부호는 나눗셈에 포함된 두 수의 부호가 같은지 다른지에 따라 결정된다는 것을 이해하고 적용할 수 있습니다.		
6. 같은 부호를 가진 두 유리수의 나눗셈은 두 수의 절댓값을 나눈 값에 양의 부호를 붙여 준다는 것을 이해하고 적용할 수 있습니다.		
7. 다른 부호를 가진 두 유리수의 나눗셈은 두 수의 절댓값을 나눈 값에 음의 부호를 붙여 준다는 것을 이해하고 적용할 수 있습니다.		

혼자 풀어 보는 문제(1~7)

오늘 배운 것을 기억하면서 문제를 혼자 풀어 보는 시간입니다. 내비게이션 2.12 를 사용하면 도움이 됩니다.

다음을 계산하시오.

1. $(+18) \div (+3) =$ ________

2. $(+2.1) \div (+0.7) =$ ________

3. $(+54) \div (-9) =$ ________

4. $(-63) \div (+7) =$ ______

5. $(-\frac{2}{5}) \div (-10) =$ ______

6. $(+\frac{7}{15}) \div (-\frac{4}{3}) =$ ______

7. $(-2\frac{4}{5}) \div (+2\frac{1}{10}) =$ ______

13차시

곱셈의 교환법칙과 결합법칙을 이용한 곱셈 계산

사전평가(1~7)

다음을 계산하시오.

1. $(-2)^3 =$ __________

2. $(+\frac{2}{3}) \times (+\frac{3}{2}) =$ __________

3. $(-4) \times (+3) \times (-5) \times (-2.5) =$ __________

4. $(+\frac{7}{2}) \times (+\frac{2}{5}) \times (-\frac{5}{7}) \times (+\frac{7}{2}) =$ ____________

5. $(-\frac{1}{2})^2 \times 4^2 =$ ____________

6. $(-2) \times (+15) \times (-\frac{5}{2}) \times (-\frac{2}{3}) =$ ____________

7. $(-\frac{1}{3}) \times (-\frac{9}{5}) \times (-3) \times (+\frac{10}{9}) =$ ____________

보여 주는 문제(1~3)

다음을 계산하시오.

1 $(-4)\times(-7)\times(-2.5)$

1. 1단계: 절댓값의 곱의 결과가 간단한 정수(1 또는 10의 배수가 되거나 약분이 쉽게 되는 수)가 되는 두 수가 있는지 확인하기

- (-4)와 (-2.5)의 절댓값의 곱은 10이다.

2. 2단계: 절댓값의 곱의 결과가 간단한 정수가 되는 두 수를 이웃에 위치시키기 위해 수들의 위치를 변경하기 ← 교환법칙 적용

→ $(-4)\times(-7)\times(-2.5)=(-4)\times(-2.5)\times(-7)$

3. 3단계: 절댓값의 곱의 결과가 간단한 정수가 되는 두 수를 괄호로 묶기 ← 결합법칙 적용

→ $\{(-4)\times(-2.5)\}\times(-7)$

Level 2
13차시

4. 4단계: 절댓값의 곱 계산하기 ← 괄호 먼저 계산 후, 왼쪽에서 오른쪽으로 계산

→ $\{4\times2.5\}\times7=10\times7=70$

5. 5단계: 절댓값 곱의 부호 결정하기 ← 음수 개수가 짝수이면 +부호, 음수 개수가 홀수이면 -부호

- 음수가 3개(−4, −7, −2.5)이므로 절댓값의 곱에 음의 부호를 붙이면 −70이 정답이다.

❷ $(-3)^2 \times (-2) \times (\frac{1}{9})$

1. 1단계: 절댓값의 곱의 결과가 간단한 정수(1 또는 10의 배수가 되거나 약분이 쉽게 되는 수)가 되는 두 수가 있는지 확인하기

- $(-3)^2$과 $\frac{1}{9}$의 절댓값의 곱은 1이다.

2. 2단계: 절댓값의 곱의 결과가 간단한 정수가 되는 두 수를 이웃에 위치시키기 위해 수들의 위치를 변경하기 ← 교환법칙 적용

$\rightarrow (-3)^2 \times (-2) \times (\frac{1}{9}) = (-3)^2 \times (\frac{1}{9}) \times (-2)$

3. 3단계: 절댓값의 곱의 결과가 간단한 정수가 되는 두 수를 괄호로 묶기 ← 결합법칙 적용

$\rightarrow \{(-3)^2 \times (+\frac{1}{9})\} \times (-2)$

4. 4단계: 절댓값의 곱 계산하기 ← 괄호 먼저 계산 후, 왼쪽에서 오른쪽으로 계산

→ $\{3 \times 3 \times \frac{1}{9}\} \times 2 = 1 \times 2 = 2$

5. 5단계: 절댓값 곱의 부호 결정하기 ← 음수 개수가 짝수이면 +부호, 음수 개수가 홀수이면 -부호

- 음수가 3개$(-3, -3, -2)$이므로 곱셈의 결과는 음의 부호를 갖는다.
- 절댓값의 곱인 2에 음의 부호를 붙이면 -2가 된다.

3 $(+\frac{7}{3}) \times (-\frac{5}{4}) \times (-\frac{3}{7}) \times (+\frac{4}{5})$

1. 1단계: 절댓값의 곱의 결과가 간단한 정수(1 또는 10의 배수가 되거나 약분이 쉽게 되는 수)가 되는 두 수가 있는지 확인하기

- $(+\frac{7}{3})$과 $(-\frac{3}{7})$의 절댓값의 곱은 1이 되고, $(-\frac{5}{4})$와 $(+\frac{4}{5})$의 절댓값의 곱도 1이 된다.

2. 2단계: 절댓값의 곱의 결과가 간단한 정수가 되는 두 수를 이웃에 위치시키기 위해 수들의 위치를 변경하기 ← 교환법칙 적용

→ $(+\frac{7}{3}) \times (-\frac{5}{4}) \times (-\frac{3}{7}) \times (+\frac{4}{5}) = (+\frac{7}{3}) \times (-\frac{3}{7}) \times (-\frac{5}{4}) \times (+\frac{4}{5})$

3. 3단계: 절댓값의 곱의 결과가 간단한 정수가 되는 두 수를 괄호로 묶기

← 결합법칙 적용

→ $\{(+\frac{7}{3}) \times (-\frac{3}{7})\} \times \{(-\frac{5}{4}) \times (+\frac{4}{5})\}$

4. 4단계: 절댓값의 곱 계산하기 ← 괄호 먼저 계산 후, 왼쪽에서 오른쪽으로 계산

→ $\{(\frac{7}{3}) \times (\frac{3}{7})\} \times \{(\frac{5}{4}) \times (\frac{4}{5})\}$

$= 1 \times 1 = 1$

5. 5단계: 절댓값 곱의 부호 결정하기 ← 음수 개수가 짝수이면 +부호, 음수 개수가 홀수이면 −부호

- 음수가 2개$\{(-\frac{5}{4})$와 $(-\frac{3}{7})\}$이므로 곱셈의 결과는 양의 부호를 갖는다.
- 절댓값들의 곱인 1에 양의 부호를 붙이면 $+1$이 된다.

함께 풀어 보는 문제(1~3)

다음을 계산하시오.

1) $(+4)\times(-7)\times(+5)$

2) $(-\frac{5}{4})\times(-9)\times(-\frac{4}{5})$

3) $(-2)^3\times 5^2$

선생님과 함께 문제를 푸는 동안 문제 풀이를 아래에 적어 보시오.

❶ $(+4)\times(-7)\times(+5)$

1. 1단계: 절댓값의 곱의 결과가 간단한 정수(1 또는 10의 배수가 되거나 약분이 쉽게 되는 수)가 되는 두 수가 있는지 확인하기

Level 2
13차시

2. 2단계: 절댓값의 곱의 결과가 간단한 정수가 되는 두 수를 이웃에 위치시키기 위해 수들의 위치를 변경하기 ← 교환법칙 적용

3. 3단계: 절댓값의 곱의 결과가 간단한 정수가 되는 두 수를 괄호로 묶기
← 결합법칙 적용

4. 4단계: 절댓값의 곱 계산하기 ← 괄호 먼저 계산 후, 왼쪽에서 오른쪽으로 계산

5. 5단계: 절댓값 곱의 부호 결정하기 ← 음수 개수가 짝수이면 +부호, 음수 개수가 홀수이면 −부호

❷ $(-\frac{5}{4}) \times (-9) \times (-\frac{4}{5})$

1. 1단계: 절댓값의 곱의 결과가 간단한 정수(1 또는 10의 배수가 되거나 약분이 쉽게 되는 수)가 되는 두 수가 있는지 확인하기

2. 2단계: 절댓값의 곱의 결과가 간단한 정수가 되는 두 수를 이웃에 위치시키기 위해 수들의 위치를 변경하기 ← 교환법칙 적용

3. 3단계: 절댓값의 곱의 결과가 간단한 정수가 되는 두 수를 괄호로 묶기

← 결합법칙 적용

4. 4단계: 절댓값의 곱 계산하기 ← 괄호 먼저 계산 후, 왼쪽에서 오른쪽으로 계산

5. 5단계: 절댓값 곱의 부호 결정하기 ← 음수 개수가 짝수이면 +부호, 음수 개수가 홀수이면 −부호

❸ $(-2)^3 \times 5^2$

1. 1단계: 절댓값의 곱의 결과가 간단한 정수(1 또는 10의 배수가 되거나 약분이 쉽게 되는 수)가 되는 두 수가 있는지 확인하기

Level 2
13차시

2. 2단계: 절댓값의 곱의 결과가 간단한 정수가 되는 두 수를 이웃에 위치시키기 위해 수들의 위치를 변경하기 ← 교환법칙 적용

3. 3단계: 절댓값의 곱의 결과가 간단한 정수가 되는 두 수를 괄호로 묶기 ← 결합법칙 적용

4. 4단계: 절댓값의 곱 계산하기 ← 괄호 먼저 계산 후, 왼쪽에서 오른쪽으로 계산

5. 5단계: 절댓값 곱의 부호 결정하기 ← 음수 개수가 짝수이면 +부호, 음수 개수가 홀수이면 −부호

아 그렇구나! (1~3)

❶ $-2^2 \times 5^2$은 왜 혼동되는 문제입니까?

이 문제에서 -2^3은 (-2)가 두 번 곱해진 $(-2)^2$이 아니라, 2가 두 번 곱해진 수에 음의 부호인 $-$가 한 번 붙여진 수입니다. 곱셈식에 음수가 한 번만 포함되었으므로 곱셈 결과는 음의 부호를 갖습니다. 교환법칙과 결합법칙을 사용하여 절댓값의 곱인 $(2) \times (2) \times (5) \times (5) = (2 \times 5) \times (2 \times 5) = 100$을 계산 후 음의 부호를 붙여 줍니다. -100이 정답입니다.

❷ $(-1) \times (-1)^2 \times (-1)^3 \times (-1)^4 \times \cdots (-1)^9 \times (-1)^{10}$은 왜 혼동되는 문제입니까?

제곱수들의 부호 패턴을 알면 쉽게 접근할 수 있는 문제입니다. 음수의 제곱수들은 지수가 짝수이면 양의 부호를 갖고, 지수가 홀수이면 음의 부호를 갖습니다. (-1)은 지수가 1이므로 음수인 -1, $(-1)^2$은 양수인 1, $(-1)^3$은 음수인 -1, $\cdots$ $(-1)^{10}$은 양수인 1이 됩니다. 수식 $(-1) \times (-1)^2 \times (-1)^3 \times (-1)^4 \times \cdots (-1)^9 \times (-1)^{10}$은 $(-1) \times (1) \times (-1) \times (1) \times (-1) \times (1) \times (-1) \times (1) \times (-1) \times (1)$이 됩니다. 음수가 5개 곱해진 식이므로 절댓값의 곱인 1에 음의 부호를 붙여 주면 -1이 정답이 됩니다.

3 $(-0.2) \times 4.2 \times (-5)$는 왜 혼동되는 문제입니까?

교환법칙과 결합법칙을 사용하여 절댓값의 곱을 계산 후 곱셈식의 부호를 결정할 때, 가끔 덧셈에 대한 곱셈의 분배법칙과 혼동하는 경우가 있습니다. 분배법칙과 혼동하여 $-(0.2 \times 5) \times 4.2$로 식을 바꿀 경우, -4.2가 답이 됩니다. 이 문제는 $(-0.2 \times -5) \times 4.2$로 계산하여야 합니다. 괄호 안의 곱셈 결과는 1이 되고, 1과 4.2를 곱하면 그 값은 4.2가 됩니다.

배움 체크하기

오늘 우리가 함께 공부한 것을 혼자서도 할 수 있는지 체크해 봅시다. 혼자서도 할 수 있으면 👍, 선생님의 도움이 더 필요하다면 ?에 동그라미로 표시하세요.

배움 체크 리스트	👍	?
1. 거듭제곱의 의미를 이해하고, 거듭제곱수를 곱셈식으로 나타낼 수 있습니다(예: $3^2 = 3 \times 3$).		
2. 절댓값들의 곱의 결과가 1 또는 10의 배수가 되거나 약분이 쉽게 되는 수들을 수식에서 찾아낼 수 있습니다.		
3. 절댓값의 곱이 간단한 정수가 되는 두 수를 교환법칙을 이용하여 이웃에 위치하도록 수의 자리를 바꾼다는 것을 이해하고 적용할 수 있습니다.		
4. 절댓값의 곱이 간단한 정수가 되는 두 수를 결합법칙을 적용하여 괄호로 묶어 먼저 계산한다는 것을 이해하고 적용할 수 있습니다.		
5. 사칙연산의 순서를 적용하며 왼쪽에서 오른쪽으로 절댓값들의 곱을 계산할 수 있습니다.		
6. 곱해진 수들 중 음의 부호를 가진 수가 짝수 개이면 곱셈식 계산 결과는 양수가 됨을 이해하고 적용할 수 있습니다.		
7. 곱해진 수들 중 음의 부호를 가진 수가 홀수 개이면 곱셈식 계산 결과는 음수가 됨을 이해하고 적용할 수 있습니다.		

혼자 풀어 보는 문제(1~7)

오늘 배운 것을 기억하면서 문제를 혼자 풀어 보는 시간입니다. 내비게이션 2.13 을 사용하면 도움이 됩니다.

다음을 계산하시오.

1. $(-3)^3 =$ ____________

2. $(-\frac{3}{2}) \times (-\frac{2}{3}) =$ ____________

3. $(-4) \times (+7) \times (-3) \times (-\frac{1}{4}) =$ ____________

4. $(+\frac{7}{11})\times(+\frac{3}{5})\times(-\frac{11}{7})\times(-\frac{5}{3}) =$ ______

5. $(-\frac{1}{2})^3\times 2^2 =$ ______

6. $(-5)\times(+16)\times(-\frac{3}{5})\times(-\frac{2}{4}) =$ ______

7. $(-\frac{1}{3})\times(-\frac{8}{5})\times(-3)\times(+\frac{10}{8}) =$ ______

Level 2
13차시

14차시

덧셈에 대한 곱셈의 분배법칙

사전평가(1~7)

다음을 계산하시오.

1. $(25)\times(200+3)=$ ______________

2. $(-8)\times(+96)+(-8)\times(+4)=$ ______________

분배법칙을 이용하여 다음을 계산하시오.

3. $(+24) \times (+\frac{1}{3} - \frac{3}{4}) =$ ______________ $=$ __________

4. $(-30) \times \{(-\frac{3}{10}) + (-\frac{5}{6})\} =$ ______________ $=$ __________

5. $49 \times 49 + 49 \times (-39) =$ ______________ $=$ __________

6. $(-5) \times (+27) + (-5) \times (+3) =$ ______________ $=$ __________

7. $(11) \times (6.82) - (11) \times (4.82) =$ ______________ $=$ __________

보여 주는 문제(1~3)

다음을 계산하시오.

1 $(-4) \times (17) + (-4) \times (8)$

1. 1단계: 두 항과 연산 확인하기
   - 공통인수가 곱해진 두 항을 확인하고, 두 항을 연결한 연산을 확인한다.
   - $(-4) \times (17)$과 $(-4) \times (8)$이 덧셈으로 연결되어 있다.

2. 2단계: 공통인수 찾아 하이라이트 표시하기
   - $(-4) \times (17)$과 $(-4) \times (8)$의 공통인수는 (-4)이다.

3. 3단계: 괄호 안에 공통인수 외의 나머지 인수와 연산 쓰기
   - 공통인수 외의 나머지 인수를 괄호 안에 써 주고, 두 항을 연결했던 연산의 기호를 써 준다.

   → $(17 + 8)$

4. 4단계: 공통인수와 괄호의 곱셈식 만들기

   → $(-4) \times (17 + 8)$

5. 5단계: 계산하기(괄호 → 곱셈)

- 괄호 안을 먼저 계산 후, 공통인수와 곱셈하여 답을 구한다.

→ $(-4) \times (25) = -100$

❷ $(6) \times (-\frac{2}{5}) + (4) \times (-\frac{2}{5})$

1. 1단계: 두 항과 연산 확인하기

- 공통인수가 곱해진 두 항을 확인하고, 두 항을 연결한 연산을 확인한다.
- $(6) \times (-\frac{2}{5})$와 $(4) \times (-\frac{2}{5})$가 덧셈으로 연결되어 있다.

2. 2단계: 공통인수 찾아 하이라이트 표시하기

- $(6) \times (-\frac{2}{5})$와 $(4) \times (-\frac{2}{5})$의 공통인수는 $(-\frac{2}{5})$이다.

3. 3단계: 괄호 안에 공통인수 외의 나머지 인수와 연산 쓰기

- 공통인수 외의 나머지 인수를 괄호 안에 쓰고, 두 항을 연결했던 연산의 기호를 써 준다.

→ $(6 + 4)$

4. 4단계: 공통인수와 괄호의 곱셈식 만들기

→ $(-\frac{2}{5}) \times (6 + 4)$

5. 5단계: 계산하기(괄호 → 곱셈)

- 괄호 안을 먼저 계산 후, 공통인수와 곱셈을 하여 답을 구한다.

$\rightarrow (-\frac{2}{5}) \times (10) = -4$

3 $(+18) \times \{(-\frac{5}{9}) + (+\frac{4}{6})\}$

1. 1단계: 공통인수 확인하기

- 괄호 밖에 있는 (+18)이 공통인수다.

2. 2단계: 공통인수와 괄호 안의 두 수 각각 곱하기

$\rightarrow (+18) \times (-\frac{5}{9})$와 $(+18) \times (+\frac{4}{6})$

3. 3단계: 괄호 안의 연산기호로 두 항 연결하기

- 괄호 안의 연산기호인 덧셈 기호로 두 곱셈식을 연결해 준다.

$\rightarrow (+18) \times (-\frac{5}{9}) + (+18) \times (+\frac{4}{6})$

4. 4단계: 계산하기(곱셈 → 덧셈 또는 뺄셈)

$\rightarrow (+18) \times (-\frac{5}{9}) + (+18) \times (+\frac{4}{6})$

$= -10 + 12$

$= +2$

Level 2
14차시

함께 풀어 보는 문제(1 ~ 3)

다음을 계산하시오.

1) $(+4) \times (-2.5) - (+2) \times (-2.5)$

2) $(-20) \times \{(-\frac{1}{5}) + (-\frac{1}{4})\}$

3) $(-\frac{2}{3}) \times \{(\frac{6}{5}) - (\frac{9}{10})\}$

선생님과 함께 문제를 푸는 동안 문제 풀이를 아래에 적어 보시오.

❶ $(+4) \times (-2.5) - (+2) \times (-2.5)$

1. 1단계: 두 항과 연산 확인하기

2. 2단계: 공통인수 찾아 하이라이트 표시하기

3. 3단계: 괄호 안에 공통인수 외의 나머지 인수들과 연산 쓰기

4. 4단계: 공통인수와 괄호의 곱셈식 만들기

5. 5단계: 계산하기(괄호 → 곱셈)

❷ $(-20) \times \{(-\frac{1}{5}) + (-\frac{1}{4})\}$

1. 1단계: 공통인수 확인하기

2. 2단계: 공통인수와 괄호의 두 수 각각 곱하기

3. 3단계: 괄호 안의 연산기호로 두 곱셈식 연결하기

Level 2
14차시

4. 4단계: 계산하기(곱셈 → 덧셈 또는 뺄셈)

3 $(-\frac{2}{3}) \times \{(\frac{6}{5}) - (\frac{9}{10})\}$

1. 1단계: 공통인수 확인하기

2. 2단계: 공통인수와 괄호의 두 수 각각 곱하기

3. 3단계: 괄호 안의 연산기호로 두 곱셈식 연결하기

4. 4단계: 계산하기(곱셈 → 덧셈 또는 뺄셈)

아 그렇구나! (1~3)

❶ 분배 법칙을 사용하여 $-3 \times 4 + 3 \times 9$를 계산할 때 어려운 점은 무엇입니까?

3을 -3의 덧셈의 역원으로 생각하지 않으면 이 문제는 공통인수가 없는 것처럼 보입니다. 3을 $-(-3)$으로 대체시키면 식이 $-3 \times 4 - (-3) \times 9$로 바뀌게 되어 공통인수인 -3을 쉽게 찾을 수 있습니다. $-3 \times (4 - 9) = -3 \times (-5) = 15$가 됩니다.

❷ $(57) \times (99)$를 분배 법칙을 사용하여 계산할 때 어려운 점은 무엇입니까?

보통 분배법칙을 사용해야 하는 문제들은 공통인수와 괄호(두 수의 합이나 차)의 곱셈으로 제시되거나, 공통인수를 갖는 두 항의 합이나 차로 제시가 됩니다. 57×99는 이 두 가지 경우에 모두 해당되지 않습니다. 이 문제는 둘 중에 한 수를 분해하여 괄호로 만들어야 분배법칙을 적용할 수 있습니다. 99는 $100-1$이므로 주어진 식은 $57 \times (100-1)$로 바꿔 쓸 수 있습니다. $57 \times (100-1) = 57 \times 100 - 57 \times 1 = 5700 - 57 = 5643$입니다.

3 분배법칙을 적용하여 $(-0.5) \times 4.2 + (-0.5)$를 계산할 때 어떤 어려움이 있습니까?

이 문제는 곱셈에 대한 항등원의 성질을 이용하여 (-0.5)를 $(-0.5) \times 1$로 대체할 수 있다는 사실을 이해하지 못하면 분배법칙을 적용하기가 어려워집니다. (-0.5)를 $(-0.5) \times 1$로 대체하면 $(-0.5) \times 4.2 + (-0.5) \times 1 = (-0.5) \times (4.2 + 1) = (-0.5) \times (5.2) = -2.6$이 됩니다.

배움 체크하기

오늘 우리가 함께 공부한 것을 혼자서도 할 수 있는지 체크해 봅시다. 혼자서도 할 수 있으면 👍, 선생님의 도움이 더 필요하다면 ?에 동그라미로 표시하세요.

배움 체크 리스트	👍	?
1. 곱셈의 항등원의 특성을 이해하고(예: a × 1 = a) 적용할 수 있습니다.		
2. 덧셈의 역원을 이용하여 양수를 음수의 역원으로[예: 3 = −(−3)], 음수를 양수의 역원으로[예: −3 = −(+3)] 교체하여 사용할 수 있습니다.		
3. 어떤 정수를 곱셈식으로 표현하여 인수를 구할 수 있으며, 두 곱셈식 간의 공통인수의 의미를 이해하고 구할 수 있습니다.		
4. 분배법칙의 의미를 이해하고 적용할 수 있습니다.		
5. 공통인수와 괄호의 곱으로 제시된 혼합계산식을 분배법칙을 이용하여 계산할 수 있습니다.		
6. 공통인수와 정수의 곱으로 이뤄진 두 항을 더하거나 빼야 할 때(a × b + a × c), 분배법칙을 이용하여 공통인수(a)를 찾아 공통인수(a)와 괄호 (b + c)의 곱으로 계산하는 방법을 이해하고 적용할 수 있습니다.		
7. 주어진 식을 보고, 분배법칙을 적용하는 두 절차 중 적합한 절차를 선택하고 적용할 수 있습니다.		

혼자 풀어 보는 문제(1~7)

오늘 배운 것을 기억하면서 문제를 혼자 풀어 보는 시간입니다. 내비게이션 2.14 를 사용하면 도움이 됩니다.

다음을 계산하시오.

1. $(15) \times (197 + 3) =$ ____________

2. $(-6) \times (+87) + (-6) \times (+13) =$ ____________

분배법칙을 적용하여 다음을 계산하시오.

3. $(+12) \times (+\frac{2}{3} - \frac{1}{4}) =$ ______________ $=$ ________

4. $(-42) \times \{(-\frac{3}{7}) + (-\frac{5}{6})\} =$ ______________ $=$ ________

5. $43 \times 49 + 43 \times 51 =$ ______________ $=$ ________

6. $(-6) \times (+24) + (-6) \times (+6) =$ ______________ $=$ ________

7. $(21) \times (19.5) - (21) \times (16.5) =$ ______________ $=$ ________

Level 2
14차시

15차시

유리수의 혼합계산

사전평가(1~7)

다음을 계산하시오.

1. $3 - 2 + 4 - 6 =$ ____________

2. $45 \div 9 \times (-6) \div 2 =$ ____________

3. $(+6) + (-24) \div (-8 + 2) =$ ____________

4. $\{(-36 \div 3^2 - 3\} \times (2 + 6) =$ ________

5. $\{\frac{2}{5} + (-\frac{2}{5})^2 \times (-\frac{5}{2})\} + \frac{3}{10} =$ ________

6. $\{(8 - 4) \div \frac{12}{5}\} - 4^2 \times (\frac{2}{3}) =$ ________

7. $6 - \{(-2)^3 - (2 - 4)\} \div 3 =$ ________

보여 주는 문제(1~3)

다음을 계산하시오.

1 $+5 - 3 \times 5 + (-4) \div 2$

1. 1단계: 지수 확인과 계산하기
   - 지수를 포함한 수가 있는지 확인한다. 이 식에는 지수를 포함한 식이 없다.

2. 2단계: 괄호를 확인하고 계산하기
   - 이 식에는 괄호가 없다.

3. 3단계: 곱셈과 나눗셈 계산하기
   - 3×5와 $(-4) \div 2$를 계산하면 $3 \times 5 = 15$, $(-4) \div 2 = -2$

   식 정리 $+5 - 15 + (-2)$

4. 4단계: 덧셈과 뺄셈 계산하기
   - 왼쪽에서 오른쪽으로 덧셈, 뺄셈을 순서대로 계산한다.

   $\rightarrow 5 - 15 = -10 \rightarrow -10 + (-2) = -12$

   정답 -12

Level 2
15차시

❷ $1 - [5 - 6 \times \{(3 - 2) + 2^3\}]$

1. 1단계: 지수 확인과 계산하기

→ $2^3 = 8$

식 정리 $1 - [5 - 6 \times \{(3 - 2) + 8\}]$

2. 2단계: 괄호를 확인하고 계산하기

- 소괄호, 중괄호, 대괄호 순으로 계산한다.

→ $(3 - 2) = 1$ → $\{(3 - 2) + 2^3\} = \{1 + 8\} = 9$

식 정리 $1 - [5 - 6 \times 9]$

3. 3단계: 곱셈, 나눗셈 계산하기

- 대괄호 안의 곱셈을 계산한다.

→ $6 \times 9 = 54$

식 정리 $1 - [5 - 54]$

4. 4단계: 덧셈과 뺄셈 계산하기

- 왼쪽에서 오른쪽으로 계산하는데, 대괄호가 있으므로 괄호부터 계산한다.

→ $1 - (-49) = 50$

정답 50

❸ $(+18) \times \{(-\frac{1}{3})^2 + (+\frac{4}{9})\} - 8 \div (2)^2$

1. 1단계: 지수 확인과 계산하기

$\rightarrow (-\frac{1}{3})^2 = \frac{1}{9},\ 2^2 = 4$

식 정리 $(+18) \times \{\frac{1}{9} + \frac{4}{9}\} - 8 \div 4$

2. 2단계: 괄호를 확인하고 계산하기

$\rightarrow \{\frac{1}{9} + \frac{4}{9}\} = \frac{5}{9}$

식 정리 $(+18) \times \{\frac{5}{9}\} - 8 \div 4$

3. 3단계: 곱셈이나 나눗셈 계산하기

$\rightarrow (+18) \times \{\frac{5}{9}\} = 10,\ 8 \div 4 = 2$

식 정리 $10 - 2$

4. 4단계: 덧셈과 뺄셈 계산하기

$\rightarrow 10 - 2 = 8$

정답 8

Level 2
15차시

함께 풀어 보는 문제(1~3)

다음을 계산하시오.

1) $-\frac{1}{3} \times \{(-3) - (-3)^3 \div (\frac{9}{5})\}$

2) $\{(-\frac{2}{3}) + (-\frac{7}{3})\} + (-21) \div 7$

3) $(-\frac{2}{5})^2 \div \{(2-5) \times (\frac{2}{10}) - (+2)\}$

선생님과 함께 문제를 푸는 동안 문제 풀이를 아래에 적어 보시오.

❶ $-\frac{1}{3} \times \{(-3) - (-3)^3 \div (\frac{9}{5})\}$

1. 1단계: 지수 확인과 계산하기

식 정리

2. 2단계: 괄호를 확인하고 계산하기

식 정리

3. 3단계: 곱셈이나 나눗셈 계산하기

식 정리

4. 4단계: 덧셈과 뺄셈 계산하기

식 정리

2 $\{(-\frac{2}{3}) + (-\frac{7}{3})\} + (-21) \div 7$

1. 1단계: 지수 확인과 계산하기

식 정리

2. 2단계: 괄호를 확인하고 계산하기

식 정리

Level 2
15차시

3. 3단계: 곱셈이나 나눗셈 계산하기

식 정리

4. 4단계: 덧셈과 뺄셈 계산하기

식 정리

❸ $(-\frac{2}{5})^2 \div \{(2-5) \times (\frac{2}{10}) - (+2)\}$

1. 1단계: 지수 확인과 계산하기

식 정리

2. 2단계: 괄호를 확인하고 계산하기

식 정리

3. 3단계: 곱셈이나 나눗셈 계산하기

식 정리

4. 4단계: 덧셈과 뺄셈 계산하기

식 정리

Level 2
15차시

아 그렇구나! (1~3)

❶ 혼합연산의 순서를 사용하여 $-3 - 6 + 3 \times (\frac{1}{3})$을 계산할 때 혼동되는 점은 무엇입니까?

곱셈식 $3 \times (\frac{1}{3}) = 1$을 계산하고 나면 주어진 식은 $-3 - 6 + 1$로 정리됩니다. 항상 덧셈을 뺄셈보다 먼저 계산해야 한다고 생각하는 경우, $6 + 1$을 먼저 계산하여 7을 구한 후 $-3 - 7$을 계산하여 -10이라는 오답을 얻게 됩니다. 덧셈이나 뺄셈이 동시에 연속으로 있을 경우, 왼쪽에서 오른쪽으로 먼저 나오는 연산부터 계산해야 합니다. 따라서 $-3 - 6$을 먼저 계산하여 -9를 얻고, $-9 + 1$을 계산하면 정답은 -8입니다.

❷ $(63) \div (-\frac{9}{4}) \times (\frac{4}{7})$를 혼합연산의 순서를 사용하여 계산할 때 혼동되는 점은 무엇입니까?

곱셈을 나눗셈보다 먼저 계산해야 한다고 알고 있다면 $(-\frac{9}{4}) \times (\frac{4}{7})$를 먼저 계산하여 $-\frac{9}{7}$를 중간값으로 얻고 $63 \div (-\frac{9}{7}) = -49$라는 오답을 얻게 됩니다. 하지만 곱셈과 나눗셈 기호가 연속적으로 있을 경우, 왼쪽에서 오른쪽으로 먼저 나오는 연산부터 계산해 줘야 합니다. $63 \div (-\frac{9}{4})$를 먼저 계산하여 -28을 몫으로 구하고, $-28 \times (\frac{4}{7})$를 계산하면 정답은 -16입니다.

3 혼합계산 순서를 적용하여 $\{(-2)^2 + 3\}^3$을 계산하려 할 때 혼동되는 것은 무엇입니까?

혼합계산의 첫 번째 순서는 지수 계산입니다. $(-2)^2$을 계산하여 4를 얻은 후, 식을 정리하면 $\{4 + 3\}^3$이 됩니다. $(4 + 3)^3$을 $4^3 + 3^3$이라 놓고 지수를 먼저 계산한 후 덧셈을 하게 되면 오답을 낼 수 있습니다. 중간 괄호 밖에 또 다른 지수가 있으므로, 먼저 중간 괄호인 4 + 3을 정리해야 합니다. $\{4 + 3\}^3 = 7^3$이므로 343이 정답입니다.

배움 체크하기

오늘 우리가 함께 공부한 것을 혼자서도 할 수 있는지 체크해 봅시다. 혼자서도 할 수 있으면 , 선생님의 도움이 더 필요하다면 ?에 동그라미로 표시하세요.

배움 체크 리스트		?
1. 부호가 있는 유리수의 덧셈과 뺄셈을 이해하고 계산할 수 있습니다.		
2. 부호가 있는 유리수의 곱셈과 나눗셈을 이해하고 계산할 수 있습니다.		
3. 지수가 있는 유리수의 의미를 알고 계산할 수 있습니다.		
4. 세 가지 종류의 괄호를 이해하고 소괄호, 중괄호, 대괄호 순으로 계산한다는 것을 이해하고 계산할 수 있습니다.		
5. 유리수의 혼합계산을 할 때, 지수계산, 괄호 계산, 곱셈 또는 나눗셈 계산, 덧셈 또는 뺄셈 계산 순서로 계산해야 한다는 것을 이해하고 적용할 수 있습니다.		
6. 곱셈이나 나눗셈이 연속으로 나왔을 경우엔 왼쪽에 있는 연산부터 계산한다는 것을 이해하고 적용할 수 있습니다.		
7. 덧셈이나 뺄셈이 연속으로 나왔을 경우엔 왼쪽에 있는 연산부터 계산한다는 것을 이해하고 적용할 수 있습니다.		

혼자 풀어 보는 문제(1~7)

오늘 배운 것을 기억하면서 문제를 혼자 풀어 보는 시간입니다. 내비게이션 2.15 를 사용하면 도움이 됩니다.

다음을 계산하시오.

1. $5 - 3 + 7 - 11 =$ ____________

2. $54 \div 6 \times (-4) \div 12 =$ ____________

3. $(+8) + (-49) \div (-11 + 4) =$ ____________

4. $\{(-36) \div 6^2 - 4\} \times \{(-2)^3 + 5\} =$ ____________

5. $\{\frac{2}{3} + (-\frac{2}{3})^3 \times (-\frac{9}{4})\} - \frac{1}{3} =$ ____________

6. $\{(15 - 9) \div \frac{18}{7}\} - 5^2 \times (\frac{1}{6}) =$ ____________

7. $6 - \{(-2)2^4 + (3 - 4)\} \div 3 =$ ____________

16차시

문자를 사용한 식

사전평가(1~7)

다음을 구할 때 필요한 식을 세우시오.

1. 용돈 3만 원 중에서 엄마 생일 선물을 사기 위해 5,000원을 쓰고 남은 돈

남은 돈 = ________

2. 오전에 30분 달리고 오후에 40분 달렸을 때, 오늘 하루 달리기한 시간

오늘 달린 시간 = ________

다음을 문자를 사용한 식으로 나타내시오.

3. 한 송이에 900원 하는 장미 x송이를 살 때 가격

4. 직사각형의 넓이가 54cm^2이고 가로의 길이가 $x$cm일 때, 세로의 길이

5. 한 변의 길이가 $a$cm인 정삼각형의 둘레의 길이

6. 시속 5km로 x시간 달린 거리

7. 한 개에 1,500원 하는 아이스크림 a개와 한 병에 800원인 음료수 b병의 값

보여 주는 문제(1~3)

다음을 문자를 포함한 식으로 나타내시오.

1 700원짜리 초콜릿 x개를 샀을 때의 가격

1. 1단계: 문제의 의미 파악하기
   - 초콜릿을 사고 가격을 계산하는 문제이다.

2. 2단계: 구해야 하는 값을 확인하고 계산식 세우기
   - 초콜릿 x개를 샀을 때의 총 가격을 구해야 한다.
   - 초콜릿 총 가격 = 초콜릿 1개당 가격 × 초콜릿 개수

3. 3단계: 알고 있는 값을 확인하고 계산식에 넣어 계산식 정리하기
   - 초콜릿 1개의 가격이 700원
   - 초콜릿의 총 가격 = 700 × 초콜릿 개수

4. 4단계: 문자로 나타낸 값의 의미를 확인하고 계산식에 넣어 식 정리하기
   - x는 구입한 초콜릿 개수
   - 초콜릿 총 가격 $= 700 \times x$
   - 정답: $700 \times x$

Level 2
16차시

❷ 1.5L 콜라를 x명의 가족이 똑같이 나눠 마실 때, 한 사람이 마시는 콜라 양

1. 1단계: 문제의 의미 파악하기
   - 콜라를 똑같이 나누어 마실 때, 한 사람이 마시는 콜라의 양을 계산하는 문제이다.

2. 2단계: 구해야 하는 값을 확인하고 계산식 세우기
   - 콜라 1.5L를 x명이 똑같이 나누어 마실 때, 한 사람이 마시는 콜라양을 구해야 한다.
   - 한 사람이 마시는 콜라 양 = 전체 콜라 양 ÷ 사람 수

3. 3단계: 알고 있는 값을 확인하고 계산식에 넣어 계산식 정리하기
   - 나눠 마실 콜라 양은 1.5L
   - 한 사람이 마시는 콜라 양 = 1.5 ÷ 사람 수

4. 4단계: 문자로 나타낸 값의 의미를 확인하고 계산식에 넣어 식 정리하기
   - x는 사람의 수
   - 한 사람이 마시는 콜라의 양 = $1.5 \div x$
   - 정답: $1.5 \div x$

③ 직사각형 모양인 아이패드의 넓이

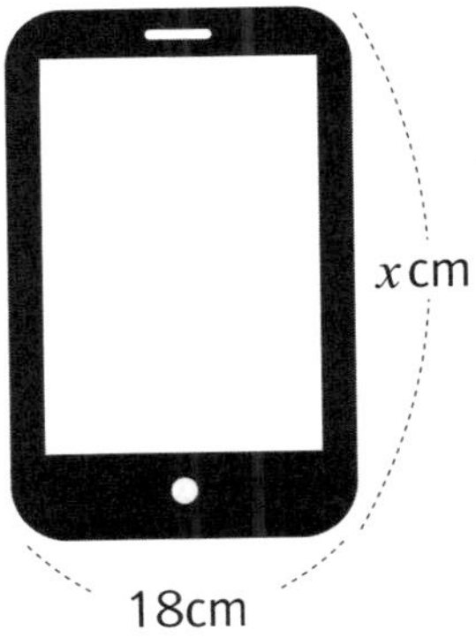

1. 1단계: 문제의 의미 파악하기
   - 직사각형의 넓이를 계산하는 문제이다.

2. 2단계: 구해야 하는 값을 확인하고 계산식 세우기
   - 직사각형 모양의 아이패드의 넓이를 구해야 한다.
   - 아이패드 넓이 = 가로의 길이 × 세로의 길이

3. 3단계: 알고 있는 값을 확인하고 계산식에 넣어 계산식 정리하기
   - 가로의 길이는 18cm
   - 아이패드 넓이 = 18 × 세로의 길이

4. 4단계: 문자로 나타낸 값의 의미를 확인하고 계산식에 넣어 식 정리하기
   - x는 세로의 길이
   - 아이패드 넓이 = $18 \times x$
   - 정답: $18 \times x$

Level 2
16차시

함께 풀어 보는 문제(1~3)

다음을 문자를 사용하여 간단히 나타내시오.

1) 두발자전거가 a대 있을 때, 자전거 바퀴 수

2) 형이 y살일 때, 형보다 4살 어린 동생의 나이

3) 시속 $b$km로 3시간 운전한 거리

선생님과 함께 문제를 푸는 동안 문제 풀이를 아래에 적어 보시오.

❶ 두발자전거가 a대 있을 때, 자전거의 바퀴 수

1. 1단계: 문제의 의미 파악하기

의미

2. 2단계: 구해야 하는 값을 확인하고 계산식 세우기

구해야 하는 값

계산식

3. 3단계: 알고 있는 값을 확인하고 계산식에 넣어 계산식 정리하기

알고 있는 값

계산식

4. 4단계: 문자로 나타낸 값의 의미를 확인하고 계산식에 넣어 식 정리하기

문자로 나타낸 값

계산식

정답

❷ 형이 y살일 때, 형보다 4살 어린 동생의 나이

1. 1단계: 문제의 의미 파악하기

의미

Level 2
16차시

2. 2단계: 구해야 하는 값을 확인하고 계산식 세우기

구해야 하는 값

계산식

3. 3단계: 알고 있는 값을 확인하고 계산식에 넣어 계산식 정리하기

알고 있는 값

계산식

4. 4단계: 문자로 나타낸 값의 의미를 확인하고 계산식에 넣어 식 정리하기

문자로 나타낸 값

계산식

정답

③ 시속 $b$km로 3시간 운전한 거리

1. 1단계: 문제의 의미 파악하기

의미

2. 2단계: 구해야 하는 값을 확인하고 계산식 세우기

구해야 하는 값

계산식

3. 3단계: 알고 있는 값을 확인하고 계산식에 넣어 계산식 정리하기

알고 있는 값

계산식

Level 2
16차시

4. 4단계: 문자로 나타낸 값의 의미를 확인하고 계산식에 넣어 식 정리하기

문자로 나타낸 값

계산식

정답

아 그렇구나! (1 ~ 3)

❶ 한 개에 1,000원 하는 빵 y개를 사고 10,000원을 냈을 때의 거스름돈을 문자를 사용하여 나타내 봅시다.

이 문제는 두 단계식을 세워야 하는 문제입니다. 이 문제에서 구해야 할 것은 거스름돈인데, 거스름돈을 구하기 위해서는 먼저 지불해야 할 빵값을 구해야 합니다. 빵값을 구하는 식은 빵값 = 빵 한 개당 가격 × 빵의 개수이고, 알고 있는 값과 문자를 넣어 빵값 구하는 식을 정리하면 빵값 = $1000 \times y$가 됩니다. 빵값을 구한 후, 거스름돈을 계산합니다. 거스름돈은 내가 낸 돈에서 빵값을 빼 구할 수 있습니다. 거스름돈을 구하는 식은 거스름돈 = 내가 낸 돈 − 빵값입니다. 이제 내가 낸 돈 대신 10,000원을 쓰고 빵값 대신 위에서 문자식으로 구한 $1000 \times y$를 대신 써 주면, 거스름돈을 구하는 문자식은 $10000 - 1000 \times y$입니다.

❷ 십의 자리의 숫자가 x, 일의 자리의 숫자가 y인 두 자리 자연수를 식으로 나타낼 때 어려운 점은 무엇입니까?

이 문제는 자연수의 십의 자릿수의 자릿값과 일의 자릿수의 자릿값을 이해하지 못하면 xy라 답할 가능성이 있습니다. 두 자리 자연수 34를 예로 들어 봅시다. 34에서 3은 얼마입니까? 34에서 3은 3×10, 즉 30을 의미

합니다. 34에서 4는 얼마를 의미합니까? 34에서 4는 4 × 1 = 4를 의미합니다. 34 = 3 × 10 + 4 × 1입니다. 같은 방법으로, 십의 자리의 숫자가 x, 일의 자리의 숫자가 y인 두 자리 자연수를 식으로 나타내면 $x \times 10 + y \times 1$, 즉 $10x + y$입니다.

❸ 넓이가 $a\text{cm}^2$이고 높이가 $b\text{cm}$인 평행사변형의 밑변의 길이를 문자를 사용해 나타낼 때 어려운 점은 무엇입니까?

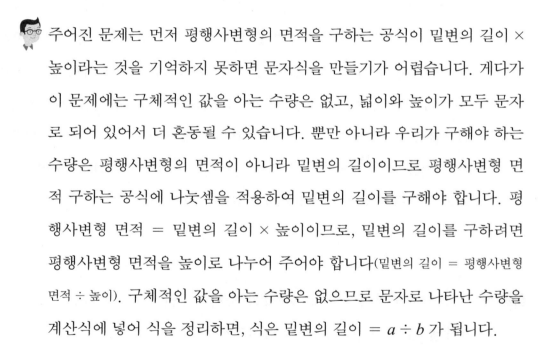

주어진 문제는 먼저 평행사변형의 면적을 구하는 공식이 밑변의 길이 × 높이라는 것을 기억하지 못하면 문자식을 만들기가 어렵습니다. 게다가 이 문제에는 구체적인 값을 아는 수량은 없고, 넓이와 높이가 모두 문자로 되어 있어서 더 혼동될 수 있습니다. 뿐만 아니라 우리가 구해야 하는 수량은 평행사변형의 면적이 아니라 밑변의 길이이므로 평행사변형 면적 구하는 공식에 나눗셈을 적용하여 밑변의 길이를 구해야 합니다. 평행사변형 면적 = 밑변의 길이 × 높이이므로, 밑변의 길이를 구하려면 평행사변형 면적을 높이로 나누어 주어야 합니다(밑변의 길이 = 평행사변형 면적 ÷ 높이). 구체적인 값을 아는 수량은 없으므로 문자로 나타난 수량을 계산식에 넣어 식을 정리하면, 식은 밑변의 길이 = $a \div b$가 됩니다.

배움 체크하기

오늘 우리가 함께 공부한 것을 혼자서도 할 수 있는지 체크해 봅시다. 혼자서도 할 수 있으면 (엄지), 선생님의 도움이 더 필요하다면 ?에 동그라미로 표시하세요.

배움 체크 리스트		?
1. 정수와 유리수의 사칙연산을 할 수 있습니다.		
2. 도형의 면적과 거리 구하는 공식을 이해하고 기억할 수 있습니다.		
3. 구체적인 값이 주어지지 않은 수량 대신 문자를 사용하여 식을 세울 수 있다는 것을 이해하고 적용할 수 있습니다.		
4. 뺄셈이나 덧셈식에 포함된 수들의 관계를 이해하고, 구체적인 값이 주어지지 않은 수량은 문자로 대신 표시하여 문자가 있는 뺄셈식이나 덧셈식을 만드는 방법을 이해하고 적용할 수 있습니다.		
5. 곱셈이나 나눗셈에 포함된 수들의 관계를 이해하고, 구체적인 값이 주어지지 않은 수량은 문자로 대신 표시하여 문자가 있는 곱셈식이나 나눗셈식을 만드는 방법을 이해하고 적용할 수 있습니다.		
6. 문자를 포함하는 식을 만드는 방법을 이해하고, 구해야 하는 값, 알고 있는 값 그리고 문자로 대신 나타낸 값을 확인하고 계산식에 적용할 수 있습니다.		
7. 도형의 면적이나 거리 구하는 공식에 포함되는 값 중 한 개나 그 이상의 값들이 문자로 나타내졌을 경우, 그 문자를 포함한 문자식으로 도형의 면적이나 거리를 표현할 수 있습니다.		

혼자 풀어 보는 문제(1~7)

오늘 배운 것을 기억하면서 문제를 혼자 풀어 보는 시간입니다. 내비게이션 2.16 을 사용하면 도움이 됩니다.

다음을 구할 때 필요한 식을 세우시오.

1. 1학년 7반의 학생 수가 32명이고 그중 여학생이 20명일 때, 남학생의 수

남학생 수 = ____________

2. 현재 42살인 한나 아빠의 5년 후 나이

한나 아빠의 5년 후 나이 = ____________

다음을 문자를 사용한 식으로 나타내시오.

3. 한 개에 700원 하는 아이스크림 x개를 살 때의 가격

4. 직사각형의 넓이가 48cm^2이고 가로의 길이가 $x$cm일 때, 세로의 길이

5. 한 변의 길이가 $a$cm인 정사각형의 둘레의 길이

6. 시속 20km로 x시간 달린 거리

7. 한 개에 1,500원 하는 아이스크림 x개를 사고 5,000원짜리 y장을 냈을 때의 거스름돈

Level 2
16차시

17차시

문자를 사용한 곱셈식 간단히 나타내기

사전평가(1~7)

곱셈 기호를 생략하고 다음을 간단히 나타내시오.

1. $x \times x =$ ____________

2. $x \times y \times x =$ ____________

3. $x \times \frac{1}{y} =$ ____________

4. $a \times a \times (-3) \times a =$ ______________

5. $x \times \frac{2}{3} \times x =$ ______________

6. $(a + b) \times 5 =$ ______________

7. $4 \times b \times a - 2 \times a =$ ______________

보여 주는 문제(1~3)

곱셈 기호를 생략하고 다음을 간단한 식으로 나타내시오.

1 $(-4) \times x \times y \times y$

1. 1단계: 식의 유형 결정
   - 주어진 식은 숫자와 문자의 곱셈으로만 이뤄진 식이다.

2. 2단계: 문자의 거듭제곱
   - y가 두 번 곱해져 있다.

   → $y \times y = y^2$

3. 3단계: 거듭제곱과 나머지 문자의 곱셈
   - 곱셈 기호를 생략하고 알파벳순으로 쓴다.

   → $x \times y^2 = xy^2$

4. 4단계: 정리된 문자와 숫자의 절댓값을 곱셈
   - 곱셈 기호를 생략하고 숫자를 맨 앞에 쓴다.

   → $(4) \times xy^2 = 4xy^2$

5. 5단계: 식의 부호 결정

- 음의 부호가 홀수 개이면 음수, 짝수 개이면 양수가 된다.
- 음의 부호가 (−4)에 한 개 포함되어 있으므로 음의 부호가 된다.

→ $-4xy^2$

❷ $(a + b) \times (-9)$

1. 1단계: 식의 유형 결정
   - 주어진 식은 괄호가 있는 덧셈식과 수가 곱해지는 곱셈식이다.

2. 2단계: 괄호가 있는 식과 수의 절댓값의 곱셈
   - 곱셈 기호를 생략한다.

   → $(a + b)\,9$

3. 3단계: 수를 괄호식 앞에 쓴다.

   → $9\,(a + b)$

4. 4단계: 식의 부호 결정
   - 음의 부호가 짝수 개이면 양의 부호, 음의 부호가 홀수 개이면 음의 부호가 된다.
   - 음의 부호가 한 개 포함되어 있으므로 (−9) 식의 부호는 음의 부호가

된다.

→ $-9(a+b)$

❸ $2\times(-x)-y\times y\times 3$

1. 1단계: 식의 유형 결정
   - 두 개의 곱셈식이 뺄셈으로 연결되어 있는 혼합계산식이다.

2. 2단계: 곱셈식 1 $\{2\times(-x)\}$ 정리
   - 숫자와 문자의 절댓값의 곱을 곱셈 부호 없이 쓴다.

   → $2x$

   - 음의 부호의 개수에 따라 식의 부호를 결정한다. 음의 부호가 1개이므로 (홀수), $2x$는 음의 부호를 갖는다.

   → $-2x$

   - 숫자를 문자 앞에 쓴다.

   → $-2x$

3. 3단계: 곱셈식 2 $(y\times y\times 3)$ 정리
   - $y\times y$를 두 문자의 절댓값의 거듭제곱으로 나타낸다.

   → y^2

- y^2과 3의 절댓값을 곱해 준다.

→ $y^2 3$

- 음의 부호가 없으므로(짝수 개) $3y^2$은 양수가 된다.

→ $y^2 3$

- 수를 문자 앞에 쓴다.

→ $3y^2$

4. 4단계: 곱셈식 1과 2의 정리된 결과를 뺄셈으로 연결

- $-2x$를 $3y^2$과 뺄셈으로 연결한다.

→ $-2x - 3y^2$

함께 풀어 보는 문제(1~3)

곱셈 기호를 생략하고 다음을 간단히 나타내시오.

1) $x \times x \times (-1) \times y$

2) $(x - y) \times (-3)$

3) $3 \times b \times a + 4 \times b$

선생님과 함께 문제를 푸는 동안 문제 풀이를 아래에 적어 보시오.

❶ $x \times x \times (-1) \times y$

1. 1단계: 식의 유형 결정

문자식 유형

2. 2단계: 반복된 문자 거듭제곱으로 만들기

식 정리

3. 3단계: 거듭제곱된 문자와 나머지 문자들의 곱셈

식 정리

4. 4단계: 정리된 문자들과 수의 곱셈

식 정리

5. 5단계: 식의 부호 결정

정답

❷ $(x - y) \times (-3)$

1. 1단계: 식의 유형 결정

문자식 유형

2. 2단계: 괄호식과 수의 절댓값을 곱셈하기

식 정리

3. 3단계: 수를 괄호 앞에 쓰기

식 정리

4. 4단계: 식의 부호 결정

정답

❸ $3 \times b \times a + 4 \times b$

1. 1단계: 식의 유형 결정

문자식 유형

2. 2단계: 반복된 문자 거듭제곱으로 만들기

식 정리

3. 3단계: 거듭제곱된 문자와 나머지 문자들의 곱셈

식 정리

4. 4단계: 정리된 문자들과 수의 곱셈

식 정리

5. 5단계: 식의 부호 결정

정답

아 그렇구나! (1 ~ 3)

1 $a \times (-a) \times (-b) \times 3$을 곱셈 기호를 생략하고 간단하게 나타낼 때 혼동되는 것은 무엇입니까?

이 문제에서는 a와 $(-a)$가 절댓값이 같은 문자라는 것을 이해하지 못하면, 절댓값이 같은 문자의 곱을 거듭제곱으로 나타내는 데 실패하게 됩니다. 2와 (-2)의 절댓값이 똑같이 2인 것처럼, a와 $(-a)$의 절댓값은 a이고 $a \times (a)$를 거듭제곱으로 나타내면 a^2입니다. 주어진 문자식은 $3a^2b$로 정리할 수 있습니다.

2 $x \times (\frac{1}{y})$을 곱셈 기호를 생략하여 간단하게 나타낼 때 혼동되는 것은 무엇입니까?

배운 방법대로 곱셈식을 정리하면, 곱셈 기호를 생략하고 알파벳 순서로 배열하여 $x\frac{1}{y}$을 얻게 됩니다. 분수에서 $2 \times \frac{1}{3}$이 $2\frac{1}{3}$과 같습니까? $2 \times \frac{1}{3} = \frac{2}{1} \times \frac{1}{3} = \frac{2}{3}$이고, $2\frac{1}{3} = 2 + \frac{1}{3} = \frac{7}{3}$이므로 서로 다른 값입니다. 마찬가지로, $x\frac{1}{y} = x + \frac{1}{y}$을 의미하므로 $x \times (\frac{1}{y})$과 다른 의미를 가진 식입니다. $x \times (\frac{1}{y})$은 $\frac{x}{1} \times \frac{1}{y}$로 바꾸어 계산하여 $\frac{x \times 1}{1 \times y} = \frac{x}{y}$로 나타냅니다.

❸ $a \times 0.1$을 곱셈 기호를 생략하고 나타낼 때 혼동되는 점은 무엇입니까?

배운 방법대로 수와 문자를 곱한 후 곱셈 기호를 생략하고 수를 앞에 쓰면 $2 \times 0.1 = 0.2$에서처럼 $a \times 0.1 = 0.a$라고 혼동하는 경우가 있습니다. 문자와 소수가 곱해졌을 때는 문자와 소수를 각각 따로 씁니다. $a \times 0.1 = 0.1a$가 정답입니다. 마찬가지로, $a \times 0.01$도 $0.0a$가 아니라 $0.01a$입니다.

배움 체크하기

오늘 우리가 함께 공부한 것을 혼자서도 할 수 있는지 체크해 봅시다. 혼자서도 할 수 있으면 👍, 선생님의 도움이 더 필요하다면 ?에 동그라미로 표시하세요.

배움 체크 리스트	👍	?
1. 부호가 있는 유리수의 곱셈을 이해하고 계산할 수 있습니다.		
2. 거듭제곱의 의미를 알고, 반복적으로 곱해진 수를 거듭제곱수로 나타낼 수 있습니다.		
3. 절댓값이 같은 문자들의 곱셈식을 문자의 거듭제곱으로 나타낼 수 있습니다.		
4. 숫자와 문자가 곱해졌을 때, 곱셈 기호를 생략하고 숫자를 문자 앞에 쓴다는 것을 이해하고 적용할 수 있습니다.		
5. 서로 다른 문자들이 곱해졌을 때, 곱셈 기호를 생략하고 문자들을 알파벳 순서로 쓴다는 것을 이해하고 적용할 수 있습니다.		
6. 괄호가 있는 식과 수가 곱해졌을 때, 곱셈 기호를 생략하고 수를 앞에 쓰고, 그다음에 괄호식을 쓴다는 것을 이해하고 적용할 수 있습니다[예: $3 \times (x+y)$].		
7. 문자가 분모에 있는 식과 문자가 분자에 있는 식이 곱해진 경우, 유리수의 곱셈에서처럼 분자는 분자끼리 분모는 분모끼리 곱한다는 것을 이해하고 적용할 수 있습니다[예: $x \times (\frac{1}{y})$].		
8. 두 개 이상의 곱셈식이 덧셈이나 뺄셈으로 연결된 혼합계산의 경우, 각 곱셈식을 따로 정리한 후 덧셈이나 뺄셈으로 연결한다는 것을 이해하고 적용할 수 있습니다.		

혼자 풀어 보는 문제(1~7)

오늘 배운 것을 기억하면서 문제를 혼자 풀어 보는 시간입니다. 내비게이션 2.17 을 사용하면 도움이 됩니다.

곱셈 기호를 생략하고 다음을 간단히 나타내시오.

1. $a \times a \times a =$ ______________

2. $a \times b \times \mathrm{c} =$ ______________

3. $y \times \dfrac{1}{x} =$ ______________

4. $x \times x \times (-2) \times x =$ ________________

5. $x \times \frac{2}{5} \times x =$ ________________

6. $(x + y) \times 3 =$ ________________

7. $4 \times b \times a - 2 \times a =$ ________________

18차시

문자를 사용한 나눗셈식 간단히 나타내기

사전평가(1~7)

나눗셈 기호를 생략하고 다음 식을 간단히 나타내시오.

1. $2 \div (-5) =$ ____________

2. $1 \div 3 =$ ____________

3. $(2a + 3b) \div c =$ ____________

4. $(a - 4b) \div 2c =$ ____________

5. $x \times 2y \div 7 =$ ____________

6. $6x \div 5 + 3y =$ ____________

7. $3 \times a \div 2 + 4 \times b \div 3 =$ ____________

보여 주는 문제(1~3)

나눗셈 기호를 생략하고 다음을 간단한 식으로 나타내시오.

1 $(-a) \div (-2b)$

1. 1단계: 문자식의 유형 결정하기
   - 주어진 식은 나눗셈만 있는 문자식이다.

2. 2단계: 절댓값의 나눗셈식으로 전환하기
   - 문자나 숫자의 절댓값들의 나눗셈식으로 바꿔 준다.

   $\rightarrow a \div 2b$

3. 3단계: 나눗셈식을 분수의 곱셈식으로 전환하기
   - 피제수는 분자에 제수는 분모에 써 준다.

   $\rightarrow a \div 2b$

   $= a \times \dfrac{1}{2b}$

   $= \dfrac{a}{1} \times \dfrac{1}{2b} = \dfrac{a}{2b}$

4. 4단계: 문자식의 부호 결정하기
   - 음의 부호를 가진 수나 문자가 홀수 개이면 정리된 식은 음의 부호를 갖고, 음의 부호를 가진 수나 문자식이 짝수 개이면 정리된 식은 양의 부호

를 갖는다.

- 주어진 식에는 음의 부호가 두 개{$(-a)$, $(-2b)$}가 포함되어 있으므로, 정리된 문자식의 부호는 양의 부호이다.

$\rightarrow \dfrac{a}{2b}$

2 $(x + 2) \div (-4)$

1. 1단계: 식의 유형을 확인하기
   - 괄호가 있는 나눗셈식이다.

2. 2단계: 괄호를 □로 대체해 써 주기

   $\rightarrow \square \div (-4)$

3. 3단계: 수나 문자를 절댓값으로 전환하기

   $\rightarrow \square \div (4)$

4. 4단계: 나눗셈식을 분수식으로 바꿔 주기
   - 피제수를 분자에, 제수를 분모에 써 준다.

$$\square \div 4 = \frac{\square}{4}$$

5. 5단계: 문자식의 부호 결정하기

- (−4)가 음의 부호이므로, 문자식은 음의 부호가 된다.

$$-\frac{\square}{4}$$

6. 6단계: □를 원래의 괄호식으로 바꿔 써 주기

$$-\frac{\square}{4} = -\frac{(x+2)}{4}$$

❸ $3 \times a \div 5 + 2 \times b \div 3$

1. 1단계: 문자식의 유형을 확인하기

- 주어진 문자식은 혼합계산식이다.

2. 2단계: 괄호는 □로 대체하기

- 주어진 식에는 괄호가 없다.

3. 3단계: 곱셈과 나눗셈을 왼쪽에서 오른쪽으로 순서대로 정리하기

→ $3 \times a \div 5$

$3 \times a = 3a$

$3a \div 5 = \frac{3a}{5}$

$\rightarrow 2 \times b \div 3$

$2 \times b = 2b$

$2b \div 3 = \dfrac{2b}{3}$

4. 4단계: 덧셈이나 뺄셈 정리하기

$\rightarrow \dfrac{3a}{5} + \dfrac{2b}{3}$

5. 5단계: □를 괄호로 대체하기

- 주어진 식에는 괄호가 없다.
- $\dfrac{3a}{5} + \dfrac{2b}{3}$가 답이 된다.

함께 풀어 보는 문제(1~3)

나눗셈 기호를 생략하고 다음을 간단히 나타내시오.

1) $(-8x) \div 3y$

2) $(-a) \div (b-7)$

3) $x \div 4 \times (x+y)$

선생님과 함께 문제를 푸는 동안 문제 풀이를 아래에 적어 보시오.

❶ $(-8x) \div 3y$

1. 1단계: 문자식의 유형 결정하기

식 유형

2. 2단계: 절댓값의 나눗셈식으로 전환하기

식 정리

3. 3단계: 나눗셈식을 분수로 전환하기

식 정리

4. 4단계: 문자식의 부호 결정하기

정답

❷ $(-a) \div (b - 7)$

1. 1단계: 식의 유형을 확인하기

식 유형

2. 2단계: 괄호식을 □로 대체해 써 주기

식 정리

3. 3단계: 수나 문자를 절댓값으로 전환하기

식 정리

4. 4단계: 나눗셈식을 분수로 바꿔 주기

식 정리

5. 5단계: 문자식의 부호 결정하기

식 정리

6. 6단계: □를 원래의 괄호식으로 바꿔 써 주기

정답

❸ $x \div 4 \times (x + y)$

1. 1단계: 문자식의 유형을 확인하기

식 유형

2. 2단계: 괄호식은 □로 대체하기

식 정리

3. 3단계: 곱셈과 나눗셈을 왼쪽에서 오른쪽으로 순서대로 정리하기

식 정리

4. 4단계: □를 괄호로 대체하기

정답

아 그렇구나! (1~3)

1 $\frac{x}{3} \div \frac{y}{5}$**를 나눗셈 기호를 생략하고 나타낼 때 혼동되는 점은 무엇입니까?**

나눗셈식을 정리하려면 나눗셈식을 분수식으로 바꿔야 합니다. 주어진 문제에서는 피제수와 제수가 이미 분수 형태이므로 $\frac{\text{분수}}{\text{분수}}$가 됩니다. 주어진 문제에서처럼 분수 ÷ 분수를 정리해야 할 경우에는 분수의 나눗셈에서 배웠던 것처럼 곱셈식으로 바꿔서 정리해 줍니다. 피제수 × (제수의 역수)로 바꿔서 정리해 줍니다. 주어진 식은 $\frac{x}{3} \times \frac{5}{y}$로 바뀌고, $\frac{5x}{3y}$로 정리합니다.

2 $3 \div (-\frac{1}{a})$**을 나눗셈 기호를 생략하고 나타낼 때 혼동되는 점은 무엇입니까?**

주어진 문제는 간단한 나눗셈식처럼 보이지만, 제수가 이미 분수이기 때문에 주어진 식을 분수식으로 나타내는 것이 혼동됩니다. 나눗셈식에 분수가 들어 있을 때는 **아 그렇구나!** 문제 1에서처럼 나눗셈 기호를 곱셈으로 바꾸고, 제수 대신 제수의 역수를 써서 곱셈식으로 나타낸 후 정리합니다. 그런데 $-\frac{1}{a}$의 역수가 무엇인지 혼동하는 경우에는 이 문제를 정리하기가 어렵습니다. 역수란 그 수와 곱해서 1이 되는 수이므로 $-\frac{1}{a}$의 역수는 $-\frac{a}{1} = -a$입니다. 주어진 문제는 곱셈식으로 나타내면 $3 \times (-a)$가 되고, 정리하면 $-3a$입니다.

❸ $x \div \frac{1}{y} \times \frac{1}{z}$을 곱셈과 나눗셈 기호를 생략하고 나타낼 때 혼동되는 점은 무엇입니까?

혼합계산을 할 때, 곱셈을 먼저 해야 한다고 생각하는 경우에는 주어진 문제를 풀 때 $\frac{1}{y} \times \frac{1}{z}$을 먼저 정리하여 $\frac{1}{xy}$로 바꾼 후 $x \div \frac{1}{xy}$을 정리하게 됩니다. 이 경우엔 분수가 포함된 나눗셈식이므로 분수의 나눗셈에서처럼 나눗셈 기호를 곱셈으로 바꾸고, $\frac{1}{xy}$의 역수($\frac{xy}{1} = xy$)를 써서 식을 $x \times xy = x^2y$로 정리하여 오답을 내게 됩니다.

하지만 주어진 문제에서처럼 곱셈과 나눗셈이 같은 항에 있을 경우에는 왼쪽에서 오른쪽으로 순서대로 계산해 주어야 합니다. 주어진 문제는 $x \div \frac{1}{y}$을 먼저 계산하여 $x \times y = xy$를 얻고, $xy \times \frac{1}{z}$을 계산하여 $\frac{xy}{z}$로 정리할 수 있습니다. 정답은 $\frac{xy}{z}$입니다.

배움 체크하기

오늘 우리가 함께 공부한 것을 혼자서도 할 수 있는지 체크해 봅시다. 혼자서도 할 수 있으면 👍, 선생님의 도움이 더 필요하다면 ?에 동그라미로 표시하세요.

배움 체크 리스트	👍	?
1. 분수의 나눗셈식을 곱셈식으로 바꾸어 계산할 수 있습니다.		
2. 유리수의 곱셈의 역원을 이해하고 구할 수 있습니다.		
3. 나눗셈만으로 이뤄진 문자식을 나눗셈 기호를 생략하고 간단히 정리하는 방법을 이해하고 적용할 수 있습니다.		
4. 괄호식이 포함된 나눗셈식을 나눗셈 기호를 생략하고 간단히 정리하는 방법을 이해하고 적용할 수 있습니다.		
5. 혼합계산이 포함된 문자식을 곱셈과 나눗셈 기호를 생략하고 간단히 정리할 때는, 혼합연산에서처럼 곱셈 또는 나눗셈을 먼저 정리하고 덧셈과 뺄셈을 정리한다는 것을 이해하고 적용할 수 있습니다.		
6. 혼합계산식을 정리할 때는 곱셈과 나눗셈 기호는 생략하나 덧셈과 뺄셈식은 생략하지 않는다는 것을 알고 있습니다.		
7. 분수가 있는 문자식의 나눗셈은 분수의 나눗셈에서처럼 나눗셈 기호를 곱셈으로 바꾸고, 제수를 제수의 역수로 바꾸어 곱셈식으로 계산하고 정리한다는 것을 이해하고 적용할 수 있습니다.		

혼자 풀어 보는 문제(1 ~ 7)

오늘 배운 것을 기억하면서 문제를 혼자 풀어 보는 시간입니다. 내비게이션 2.18 을 사용하면 도움이 됩니다.

나눗셈 기호를 생략하고 다음 식을 간단히 나타내시오.

1. $1 \div (-3) =$ ____________

2. $2 \div 5 =$ ____________

3. $(4a + b) \div 3c =$ ____________

4. $(a-3b)\div c=$ ______________

5. $x\times y\div 4=$ ______________

6. $5x\div 3-2y=$ ______________

7. $2\times a\div 5+3\times b\div 5=$ ______________

19차시

식의 값

사전평가(1~7)

다음 식의 값을 구하시오.

1. $5 \times 2 + 7 =$

2. $\frac{3}{4} \times (2)^2 - 2 =$

3. $x = -3$일 때, $2x + 2$

4. $x = -2$일 때, $5 - 2x$

5. $x = -2, y = 1$일 때, $2x^2 + y$

6. $x = -1, y = 3$일 때, $\frac{3x}{2y}$

7. $x = \frac{1}{2}, y = 3$일 때, $-\frac{4}{3}xy$

보여 주는 문제(1~3)

문자를 포함한 식의 값을 구하시오.

1 $x = -2$일 때, $3x + 5$

1. 1단계: 문자값과 문자식 확인하기
   - 문자 x의 값은 -2이다.
   - 문자가 들어갈 문자식은 $3x + 5$이다.

2. 2단계: 곱셈 기호와 나눗셈 기호를 넣어 문자식을 다시 쓰기
   - 생략된 곱셈 기호를 쓰면 문자식 $3x + 5$가 $3 \times x + 5$가 된다.

3. 3단계: 문자 대신 괄호를 쓰기
   - $3 \times (\quad) + 5$이다.

4. 4단계: 괄호에 문자값을 넣어 주기
   - $3 \times (-2) + 5$이다.

5. 5단계: 식의 값 계산하기
   - $3 \times (-2) + 5$를 계산하면 $-6 + 5 = -1$이 된다.

❷ $a = 3, b = -1$일 때, $2ab + b$

1. 1단계: 문자값과 문자식 확인하기
   - 문자 a의 값은 3이고 문자 b의 값은 -1이다.
   - 문자식은 $2ab + b$이다.

2. 2단계: 곱셈 기호와 나눗셈 기호를 넣어 문자식을 다시 쓰기
   - $2 \times a \times b + b$이다.

3. 3단계: 문자 대신 괄호와 네모를 쓰기
   - 문자 a 대신 괄호를 써 주고, b 대신 네모를 써서 문자식을 다시 쓰면 $2 \times (\ \ ) \times \square + \square$이다.

4. 4단계: 괄호와 네모에 문자값을 넣어 주기
   - 괄호에 $a = 3$을, 네모에 $b = -1$을 넣어 주면 $2 \times (3) \times \boxed{-1} + \boxed{-1}$이 된다.

5. 5단계: 식의 값 계산하기
   - $2 \times (3) \times (-1) + (-1)$을 계산하면 $-6 + -1 = -7$이 된다.

3 $x = -3, y = 3$일 때, $-\frac{x}{y} + 2$

1. 1단계: 문자값과 문자식 확인하기
   - 문자 x의 값은 -3이고 문자 y의 값은 3이다.
   - 문자식은 $-\frac{x}{y} + 2$이다.

2. 2단계: 곱셈 기호와 나눗셈 기호를 넣어 문자식을 다시 쓰기
   - $x \div -y + 2$이다.

3. 3단계: 문자 대신 괄호와 네모를 쓰기
   - 문자 x 대신 괄호를 써 주고, y 대신 네모를 쓰면 문자식은 $(\ \ ) \div -\square + 2$가 된다.

4. 4단계: 괄호와 네모에 문자값을 넣어 주기
   - 괄호에 문자값 $x = -3$, 네모에 $y = 3$을 넣어 주면 $(-3) \div -\boxed{3} + 2$가 된다.

5. 5단계: 식의 값을 계산하기
   - $(-3) \div -(3) + 2$를 계산하면 $1 + 2 = 3$이 된다.

함께 풀어 보는 문제(1~3)

식의 값을 구하시오.

1) $x = -1, y = 1$일 때, $2x - y$

2) $x = -\frac{2}{3}, y = 2$일 때, $\frac{1}{2}xy$

3) $x = \frac{1}{2}, y = 4$일 때, $\frac{y}{x}$

선생님과 함께 문제를 푸는 동안 문제 풀이를 아래에 적어 보시오.

❶ $x = -1, y = 1$일 때, $2x - y$

1. 1단계: 문자값과 문자식 확인하기

문자값 $x =$ $y =$

문자식

2. 2단계: 곱셈 기호와 나눗셈 기호를 넣어 문자식 다시 쓰기

문자식

Level 2
19차시

3. 3단계: 문자 대신 괄호와 네모를 쓰기

괄호와 네모가 있는 문자식

4. 4단계: 괄호와 네모에 문자값을 넣어 주기

수를 대입한 식

5. 5단계: 식의 값을 계산하기

식의 값

❷ $x = -\frac{2}{3}$, $y = 2$일 때, $\frac{1}{2}xy$

1. 1단계: 문자값과 문자식 확인하기

문자값 $x =$ $y =$

문자식

2. 2단계: 곱셈 기호와 나눗셈 기호를 넣어 문자식 다시 쓰기

문자식

3. 3단계: 문자 대신 괄호와 네모를 쓰기

괄호와 네모가 있는 문자식

4. 4단계: 괄호와 네모에 문자값을 넣어 주기

수를 대입한 식

5. 5단계: 식의 값을 계산하기

식의 값

3 $x = \frac{1}{2}, y = 4$일 때, $\frac{y}{x}$

1. 1단계: 문자값과 문자식 확인하기

문자값 $x =$ $y =$

문자식

2. 2단계: 곱셈 기호와 나눗셈 기호를 넣어 문자식 다시 쓰기

문자식

3. 3단계: 문자 대신 괄호와 네모를 쓰기

괄호와 네모가 있는 문자식

4. 4단계: 괄호와 네모에 문자값을 넣어 주기

수를 대입한 식

5. 5단계: 식의 값을 계산하기

식의 값

아 그렇구나! (1 ~ 2)

1 $x = -2$일 경우, x^2의 식의 값을 구할 때 어려운 점은 무엇입니까?

이 문제는 음의 정수의 제곱수를 구하는 계산이 포함되어 있습니다. -2의 제곱을 구할 때, -2^2이라 구하게 되면 -4가 식의 값이 됩니다. 문자에 숫자를 대입하기 전에 항상 괄호를 넣는 것을 잊지 말아야 합니다. $(-2)^2$은 -2×-2이므로 4입니다.

2 $x = 1, y = 3$일 경우, 식의 값 $3xy$를 구할 때 혼동되는 점은 무엇입니까?

이 문제는 $3xy$가 3과 x, y의 곱셈이라는 것을 이해하지 못하면 x와 y에 1과 3을 단순 대입하여 313이라는 오답을 얻게 됩니다. 식의 값을 구할 때는 생략된 곱셈이나 나눗셈 기호를 써서 문자식을 다시 써 주는 것을 잊지 말아야 합니다. $3xy = 3 \times x \times y$이므로 $3 \times 1 \times 3 = 9$가 됩니다.

배움 체크하기

오늘 우리가 함께 공부한 것을 혼자서도 할 수 있는지 체크해 봅시다. 혼자서도 할 수 있으면 👍, 선생님의 도움이 더 필요하다면 ?에 동그라미로 표시하세요.

배움 체크 리스트	👍	?
1. 정수와 유리수의 사칙연산을 할 수 있습니다.		
2. 거듭제곱수를 계산할 수 있습니다.		
3. 문자 대신 수를 대입할 수 있고, 한 번에 2개의 문자값(예: x와 y, 또는 a와 b)을 대입하여야 할 때도 혼동 없이 정확한 문자값을 대입할 수 있습니다.		
4. 문자식의 생략된 곱셈 기호나 나눗셈 기호를 써서 문자식을 다시 쓸 수 있습니다.		
5. 문자 대신 숫자를 대입할 때, 숫자를 괄호나 네모 안에 써야 한다는 것을 이해하고 적용할 수 있습니다.		
6. 문자 대신 수를 대입한 후, 혼합연산의 순서를 따라 식의 값을 계산할 수 있습니다.		

혼자 풀어 보는 문제(1~7)

오늘 배운 것을 기억하면서 문제를 혼자 풀어 보는 시간입니다. 내비게이션 2.19 를 사용하면 도움이 됩니다.

다음 식의 값을 구하시오.

1. $3 \times 2 + 9 =$

2. $(\frac{2}{5})^2 \times 25 - 3 =$

3. $x = -2$일 때, $3x + 3$

4. $x = -3$일 때, $-4 - 3x$

5. $x = -3, y = 2$일 때, $x^2 + 2y$

6. $x = -2, y = 3$일 때, $\frac{2x}{3y}$

7. $x = \frac{3}{4}, y = 2$일 때, $-\frac{2}{3}xy$

20차시

일차식과 수의 곱셈

사전평가 (1~8)

다음을 계산하시오.

1. $6x \times 7$

2. $-3a \times 6$

3. $\frac{3}{4}x \times (-8)$

4. $4(3a - 6)$

5. $-5(3b + 3)$

6. $(2x + 3) \times 5$

7. $(-3y + 9) \times \frac{1}{3}$

8. $\frac{2}{3}(3y - 6)$

보여 주는 문제(1~3)

다음을 계산하시오.

Level 2
20차시

❶ $2x \times (-2)$

1. 1단계: 생략된 곱셈 기호를 써 주기

→ $2 \times x \times (-2)$

2. 2단계: 교환법칙을 적용하여 문자를 맨 뒤로 가게 하기

→ $2 \times (-2) \times x$

3. 3단계: 수의 곱을 구한 후, 곱셈 기호를 생략하여 문자 앞에 쓰기

→ $(-4) \times x = (-4)x$

❷ $2(4a + 3)$

1. 1단계: 괄호와 수 사이에 생략된 곱셈 기호를 써 주기

→ $2 \times (4a + 3)$

2. 2단계: 괄호 안의 일차식이 덧셈식인지 뺄셈식인지 확인하고, 뺄셈식이 면 덧셈식으로 바꿔 주기

- 괄호 안의 일차식이 덧셈식

3. 3단계: 분배법칙을 사용하여 괄호를 풀어 주고 식을 정리하기

→ $2 \times (4a + 3) = 2 \times 4 \times a + 2 \times 3$

4. 4단계: 각 항의 곱을 구한 후, 곱셈 기호를 생략하고 수를 문자 앞에 써서 식을 정리하기

→ $2 \times 4 \times a + 2 \times 3 = 8a + 6$

❸ $(x - 3) \times 4$

1. 1단계: 괄호와 수 사이에 생략된 곱셈 기호를 써 주기

- 생략된 곱셈 부호가 없다.

2. 2단계: 괄호 안의 일차식이 덧셈식인지 뺄셈식인지 확인하고, 뺄셈식이 면 덧셈식으로 바꿔 주기

- 괄호 안의 일차식 $x - 3$은 뺄셈식이므로 뺄셈 기호는 덧셈 기호로, 3은 덧셈의 역원인 -3으로 고쳐서 덧셈식으로 바꾸어 준다.

→ $x - 3 = x + (-3)$

3. 3단계: 분배법칙을 사용하여 괄호를 풀어 주고 식을 정리하기

$\rightarrow \{x + (-3)\} \times 4 = x \times 4 + (-3) \times 4$

4. 4단계: 각 항의 곱을 구한 후, 곱셈 기호를 생략하고 수를 문자 앞에 써서 식을 정리하기

$\rightarrow x \times 4 + (-3) \times 4 = 4x + (-12)$

곱셈의 교환법칙: $x \times 4 = 4 \times x = 4x$

함께 풀어 보는 문제(1~3)

식의 값을 구하시오.

1) $12y \times (-\frac{1}{3})$

2) $(-2)(3x+6)$

3) $(3x-6)\frac{1}{3}$

선생님과 함께 문제를 푸는 동안 문제 풀이를 아래에 적어 보세요.

1 $12y \times (-\frac{1}{3})$

1. 1단계: 생략된 곱셈 기호 써서 식 재정리하기

식 정리

2. 2단계: 교환법칙을 적용하여 문자를 맨 뒤에 쓰기

식 정리

3. 3단계: 수의 곱을 구한 후, 곱셈 기호를 생략하고 문자 앞에 쓰기

정답

② $(-2)\ (3x + 6)$

1. 1단계: 괄호와 수 사이에 생략된 곱셈 기호를 써 주기

식 정리

2. 2단계: 괄호 안의 일차식이 덧셈식인지 뺄셈식인지 확인하고, 뺄셈식이면 덧셈식으로 바꿔 주기

식 정리

3. 3단계: 분배법칙을 사용하여 괄호를 풀어 주고 식을 정리하기

식 정리

4. 4단계: 각 항의 곱을 구한 후, 곱셈 기호를 생략하고 수를 문자 앞에 써서 식을 정리하기

정답

❸ $(3x - 6)\ \frac{1}{3}$

1. 1단계: 괄호와 수 사이에 생략된 곱셈 기호를 써 주기

식 정리

2. 2단계: 괄호 안의 일차식이 덧셈식인지 뺄셈식인지 확인하고, 뺄셈식이면 덧셈식으로 바꿔 주기

식 정리

3. 3단계: 분배법칙을 사용하여 괄호를 풀어 주고 식을 정리하기

식 정리

4. 4단계: 각 항의 곱을 구한 후, 곱셈 기호를 생략하고 수를 문자 앞에 써서 식을 정리하기

정답

아 그렇구나! (1~3)

1 $4 \times x$를 계산할 때 혼동되는 점은 무엇입니까?

문자항과 수의 곱셈에서는 문자항의 계수와 수를 곱한 후, 문자 앞에 쓰도록 배웠습니다. $4 \times x$를 계산할 때, x의 계수가 없다고 생각하는 경우가 있습니다. x라는 문자항의 계수는 1입니다. 4와 1의 곱은 4이므로 4를 문자 x 앞에 쓰면 $4x$가 정답입니다.

2 $(3x + 7y)\ (-4)$를 계산할 때 혼동되는 점은 무엇입니까?

먼저, 주어진 문제는 괄호 안의 일차식이 두 문자의 일차항($3x$와 $7y$)으로 이루어져 있습니다. 두 개 이상의 일차항이 괄호식 안에 포함되어 있을 때에도 괄호식과 숫자를 곱하는 방법으로 동일하게 계산하면 됩니다. 또한 주어진 식은 수가 괄호식 다음에 곱해져 있습니다. $(-4)\ (3x + 7y)$에는 분배법칙을 쉽게 적용하면서도 $(3x + 7y)\ (-4)$에는 분배법칙을 쉽게 적용하지 못하는 경우가 있습니다. 곱셈의 교환법칙을 적용하면 $(3x + 7y)\ (-4) = (-4)\ (3x + 7y)$입니다. $(3x + 7y)\ (-4) = -12x - 28y$입니다.

3 $-3(-4-2y)$를 계산할 때 혼동되는 점은 무엇입니까?

주어진 식에서는 상수항이 문자항보다 앞에 쓰여 있어서, 주어진 식을 수와 일차식의 곱셈 문제로 이해하지 못하는 경우가 있습니다. $-4-2y$는 덧셈의 교환법칙을 적용하면 $-2y+-4$가 됩니다. $-3(-2y+-4) = -3\times(-2y)+-3\times(-4) = 6y+12$가 답입니다.

배움 체크하기

오늘 우리가 함께 공부한 것을 혼자서도 할 수 있는지 체크해 봅시다. 혼자서도 할 수 있으면 👍, 선생님의 도움이 더 필요하다면 ?에 동그라미로 표시하세요.

배움 체크 리스트	👍	?
1. 정수와 유리수의 사칙연산을 할 수 있습니다.		
2. 분배법칙을 이해합니다.		
3. 일차식과 수의 곱셈에서 교환법칙을 적용하고 계산할 수 있습니다[예: $2 \times (3x + 2) = (3x + 2) \times 2$].		
4. 일차 단항식과 정수의 곱셈 방법을 이해하고 적용할 수 있습니다(예: $2x \times 3$).		
5. 문자항의 계수나 곱해지는 수가 분수인 일차 단항식과 수의 곱셈을 이해하고 적용할 수 있습니다(예: $\frac{1}{2}x \times 4$).		
6. 괄호가 있는 일차식과 정수의 곱셈을 분배법칙을 사용해서 계산하는 방법을 이해하고 적용할 수 있습니다.		
7. 괄호가 있는 일차식과 분수의 곱셈을 분배법칙을 사용해서 계산하는 방법을 이해하고 적용할 수 있습니다.		
8. 괄호 안의 일차식이 뺄셈일 경우, 이를 덧셈식으로 바꾼 후 분배법칙을 적용하는 방법을 이해하고 적용할 수 있습니다.		

혼자 풀어 보는 문제(1~7)

오늘 배운 것을 기억하면서 문제를 혼자 풀어 보는 시간입니다. 내비게이션 2.20 을 사용하면 도움이 됩니다.

다음을 계산하시오.

1. $7x \times 3$

2. $-4a \times 5$

3. $\frac{2}{5}x \times (-10)$

4. $3(5a - 4)$

5. $-5(4b + 3)$

6. $(-6y + 3) \times \frac{2}{3}$

7. $-\frac{2}{3}(3y - 6)$

21차시

일차식과 수의 나눗셈

사전평가(1~7)

다음을 계산하시오.

1. $21x \div (-3)$

2. $12a \div 6$

3. $\frac{3}{4}x \div (-\frac{4}{5})$

4. $-15b \div \frac{3}{4}$

5. $(6x + 3) \div 3$

6. $(-3y + 9) \div \frac{3}{2}$

7. $(5y - 15) \div (-\frac{5}{6})$

보여 주는 문제(1~3)

다음을 계산하시오.

1 $2x \div (-2)$

1. 1단계: 나눗셈식을 곱셈식으로 바꾸기

- 나눗셈 기호 대신 곱셈 기호를 쓰고, 제수인 (-2) 대신 곱셈의 역원 $(-\frac{1}{2})$을 써 준다.

$\rightarrow 2x \div (-2) = 2x \times (-\frac{1}{2})$

2. 2단계: 생략된 곱셈 기호를 써 주기

- $2x$에 생략된 기호를 써 주면 $2 \times x$

$\rightarrow 2 \times x \times (-\frac{1}{2})$

3. 3단계: 교환법칙을 적용하여 문자를 맨 뒤로 보내기

$\rightarrow 2 \times (-\frac{1}{2}) \times x$

4. 4단계: 수의 곱을 구한 후, 곱셈 기호를 생략하고 수를 문자 앞에 쓰기

$\rightarrow 2 \times (-\frac{1}{2}) \times x = (-1) \times x = (-1)x = -x$

❷ $4a \div (-\frac{2}{3})$

1. 1단계: 나눗셈식을 곱셈식으로 바꾸기
   - 나눗셈 기호를 곱셈 기호로, $(-\frac{2}{3})$ 대신 곱셈의 역원인 $(-\frac{3}{2})$을 써 준다.

   $\rightarrow 4a \times (-\frac{3}{2})$

2. 2단계: 생략된 곱셈 기호를 써 주기
   - $4a$에 생략된 곱셈 기호를 써 주면 $4 \times a$

   $\rightarrow 4 \times a \times (-\frac{3}{2})$

3. 3단계: 교환법칙을 적용하여 문자를 맨 뒤로 보내기

   $\rightarrow 4 \times (-\frac{3}{2}) \times a$

4. 4단계: 수의 곱을 구한 후, 곱셈 기호를 생략하고 수를 문자 앞에 쓰기

   $\rightarrow 4 \times (-\frac{3}{2}) \times a = -6 \times a = -6a$

❸ $(4x + 2) \div 2$

1. 1단계: 나눗셈식을 곱셈식으로 바꾸기
   - 나눗셈 기호를 곱셈 기호로, 2 대신 2의 곱셈의 역원인 $\frac{1}{2}$을 써 준다.

   $\rightarrow (4x + 2) \times \frac{1}{2}$

2. 2단계: 괄호 안의 일차식이 덧셈식인지 뺄셈식인지 확인하고, 뺄셈식은 덧셈식으로 바꿔 주기

- 괄호 안의 일차식 $4x + 2$는 덧셈식이다.

3. 3단계: 분배법칙을 사용하여 괄호를 풀어 주고 식을 정리하기

$\rightarrow (4x + 2) \times \frac{1}{2} = 4x \times \frac{1}{2} + 2 \times \frac{1}{2}$

Level 2
21차시

4. 4단계: 각 항의 곱을 구한 후, 곱셈 기호를 생략하고 수를 문자 앞에 써서 식을 정리하기

$\rightarrow 4x \times \frac{1}{2} + 2 \times \frac{1}{2} = 2x + 1$

함께 풀어 보는 문제(1~3)

✎ 식의 값을 구하시오.

1) $12y \div (-\frac{1}{3})$

2) $(3x + 6) \div (-\frac{3}{4})$

3) $(-3x - 6) \div \frac{1}{3}$

✎ 선생님과 함께 문제를 푸는 동안 문제 풀이를 아래에 적어 보시오.

❶ $12y \div (-\frac{1}{3})$

1. 1단계: 나눗셈식을 곱셈식으로 바꾸기

식 정리

2. 2단계: 생략된 곱셈 기호를 써 주기

식 정리

3. 3단계: 교환법칙을 적용하여 문자를 맨 뒤로 보내기

식 정리

Level 2
21차시

4. 4단계: 수의 곱을 구한 후, 곱셈 기호를 생략하고 수를 문자 앞에 쓰기

정답

❷ $(3x + 6) \div (-\frac{3}{4})$

1. 1단계: 나눗셈식을 곱셈식으로 바꾸기

식 정리

2. 2단계: 괄호 안의 일차식이 덧셈식인지 뺄셈식인지 확인하고, 뺄셈식이면 덧셈식으로 바꿔 주기

식 정리

3. 3단계: 분배법칙을 사용하여 괄호를 풀어 주고 식을 정리하기

식 정리

4. 4단계: 각 항의 곱을 구한 후, 곱셈 기호를 생략하고 수를 문자 앞에 써서 식을 정리하기

정답

③ $(-3x-6)\div\frac{1}{3}$

1. 1단계: 나눗셈식을 곱셈식으로 바꾸기

식 정리

2. 2단계: 괄호 안의 일차식이 덧셈식인지 뺄셈식인지 확인하고, 뺄셈식이면 덧셈식으로 바꿔 주기

식 정리

3. 3단계: 분배법칙을 사용하여 괄호를 풀어 주고 식을 정리하기

식 정리

4. 4단계: 각 항의 곱을 구한 후, 곱셈 기호를 생략하고 수를 문자 앞에 써서 식을 정리하기

정답

아 그렇구나! (1~2)

❶ $(2x + 2y) \div 2$를 계산할 때 혼동되는 점은 무엇입니까?

이 문제는 지금까지 풀어 온 문제들과는 달리 두 문자항이 있는 일차식입니다. x, y가 함께 있어서 일차식과 수의 나눗셈 방법을 적용하지 못하는 경우가 있습니다. 이 문제는 괄호식과 수의 나눗셈 문제 풀이와 동일한 방법으로 풀면 답을 구할 수 있습니다. $x + y$가 답입니다.

❷ $4 \div (2x + 2)$를 계산할 때 혼동되는 점은 무엇입니까?

일차식과 수의 나눗셈에서는 교환법칙이 성립하지 않으므로 $\{4 \div (2x + 2)\} \neq \{(2x + 2) \div 4\}$ 문제를 $(2x + 2) \div 4$로 바꿔 풀면 안 됩니다. 이 문제를 풀기 위해서는 일차식과 수의 나눗셈에서처럼 나눗셈 부호를 곱셈으로 바꾸고, 제수인 괄호 $(2x + 2)$의 곱셈의 역원, 즉 $\frac{1}{(2x+2)}$을 곱해 줍니다. $4 \times \frac{1}{(2x+2)} = \frac{4}{(2x+2)}$ 또는 $\frac{2}{x+1}$가 정답입니다. $(2x + 2)$의 곱셈의 역원을 구할 때, $\frac{1}{2x}$로 계산하지 않도록 주의하십시오.

배움 체크하기

오늘 우리가 함께 공부한 것을 혼자서도 할 수 있는지 체크해 봅시다. 혼자서도 할 수 있으면 👍, 선생님의 도움이 더 필요하다면 ?에 동그라미로 표시하세요.

배움 체크 리스트	👍	?
1. 정수와 유리수의 사칙연산을 할 수 있습니다.		
2. 곱셈의 역원과 덧셈의 역원을 구할 수 있습니다.		
3. 일차식과 수의 나눗셈 문제를 일차식과 수의 곱셈 문제로 바꿀 수 있습니다(나눗셈 기호를 곱셈으로, 제수를 제수의 곱셈의 역원으로 바꿔 줌).		
4. 문자항만 있는 일차식과 수의 곱셈 방법을 이해하고 적용할 수 있습니다(예: $2x \times 3$).		
5. 괄호가 있는 일차식과 수의 곱셈을 분배법칙을 사용해서 계산하는 방법을 이해하고 적용할 수 있습니다.		
6. 괄호 안의 일차식이 뺄셈일 경우, 이를 덧셈식으로 바꾼 후 분배법칙을 적용하는 방법을 이해하고 적용할 수 있습니다.		
7. 일차식과 수의 나눗셈에서는 교환법칙이 성립하지 않는다는 것을 이해하고 적용할 수 있습니다.		

혼자 풀어 보는 문제(1~7)

오늘 배운 것을 기억하면서 문제를 혼자 풀어 보는 시간입니다. 내비게이션 2.21 을 사용하면 도움이 됩니다.

다음을 계산하시오.

1. $21x \div (-3)$

2. $18a \div 6$

3. $\frac{2}{5}x \div (-\frac{4}{10})$

4. $-14b \div \frac{7}{4}$

5. $(8x + 12) \div 4$

6. $(-10y + 5) \div \frac{5}{2}$

7. $(27y - 15) \div (-\frac{3}{5})$

22차시

계수가 정수인 일차식의 덧셈과 뺄셈

사전평가(1~7)

다음을 계산하시오.

1. $4x - 6x$

2. $-2x + 6y$

3. $4a + 3 - 3a - 2$

4. $(12a + 7) + (9a - 5)$

5. $(7y + 4) - (5y - 3)$

6. $3(6x + 3) - 2(8x + 4)$

7. $4(-2a - 5) + 3(-2a + 5)$

보여 주는 문제(1~3)

✎ 다음을 계산하시오.

1 $(5x + 7) + (3x - 2)$

1. 1단계: 빼셈식이면 덧셈식으로 바꿔 주기

   → 주어진 식은 괄호식의 덧셈식이다.

2. 2단계: 분배법칙을 적용하여 괄호 풀어 주기

   → $5x + 7 + 3x - 2$

3. 3단계: 덧셈의 교환법칙을 적용하여 동류항끼리 모아 계산하기

   → $5x + 7 + 3x - 2 = 5x + 3x + 7 - 2$

   - 문자가 있는 동류항—계수끼리 더하거나 뺀 후, 문자를 붙여 쓴다.

     → $5x + 3x = (5 + 3)x = 8x$

   - 상수항

     → $7 - 2 = (7 - 2) = 5$

4. 4단계: 동류항 계산 결과 덧셈하기

   → $5x + 3x + 7 - 2 = 8x + 5$

❷ $(4a + 2) - (3a - 2)$

1. 1단계: 뺄셈식이면 덧셈식으로 바꿔 주기

   - 뺄셈 기호를 덧셈 기호로 바꾸고, 빼는 식의 괄호 안에 있는 모든 항의 부호를 반대로 바꿔 준다.

   → $(4a + 2) - (3a - 2) = (4a + 2) + (-3a + 2)$

2. 2단계: 분배법칙을 적용하여 괄호 풀어 주기

   → $(4a + 2) + (-3a + 2) = 4a + 2 + -3a + 2$

3. 3단계: 덧셈의 교환법칙을 적용하여 동류항끼리 모아 계산하기

   → $4a + 2 + -3a + 2 = 4a + -3a + 2 + 2$

   - 문자가 있는 동류항–계수끼리 더하거나 뺀 후, 문자를 붙여 쓴다.

     → $4a + -3a = (4 + -3)a = a$

   - 상수항

     → $2 + 2 = (2 + 2) = 4$

4. 4단계: 동류항 계산 결과 덧셈하기

   - 문자가 있는 항은 계수끼리 더한 후 문자를 써 주고, 상수항은 상수항끼리 덧셈한다.

   → $4a + -3a + 2 + 2 = a + 4$

❸ $(5a + 3) + 2(3a - 1)$

1. 1단계: 뺄셈식이면 덧셈식으로 바꾸기

→ 주어진 식은 괄호식의 덧셈식이다.

2. 2단계: 분배법칙을 적용하여 괄호 풀어 주기

→ $(5a + 3) + 2(3a - 1) = 5a + 3 + 6a - 2$

Level 2
22차시

3. 3단계: 동류항끼리 모아 계산하기

→ $5a + 3 + 6a - 2 = 5a + 6a + 3 - 2$

- 문자가 있는 동류항−계수끼리 더하거나 뺀 후, 문자를 붙여 쓴다.

  → $5a + 6a = (5 + 6)a = 11a$

- 상수항

  → $3 - 2 = (3 - 2) = 1$

4. 4단계: 동류항 계산 결과 덧셈하기

→ $5a + 6a + 3 - 2 = 11a + 1$

함께 풀어 보는 문제(1~3)

식의 값을 구하시오.

1) $(5x + 7) - (3x - 2)$

2) $4(6a + 5) + 3(-5a - 2)$

3) $3(5a + 5) - 2(-4a - 1)$

선생님과 함께 문제를 푸는 동안 문제 풀이를 아래에 적어 보시오.

❶ $(5x + 7) - (3x - 2)$

1. 1단계: 뺄셈식을 덧셈식으로 바꾸기(뺄셈 기호는 덧셈 기호로, 빼는 식의 괄호 안의 부호 바꿈)

식 정리

2. 2단계: 분배법칙으로 괄호 풀어 주기

식 정리

3. 3단계: 동류항끼리 계산하기

문자항

상수항

4. 4단계: 동류항 계산 결과 덧셈하기

정답

Level 2
22차시

❷ $4(6a + 5) + 3(-5a - 2)$

1. 1단계: 뺄셈식이면 덧셈식으로 바꿔 주기(뺄셈 기호는 덧셈 기호로, 빼는 식의 괄호식 안의 부호 바꿈)

2. 2단계: 분배법칙으로 괄호 풀어 주기

식 정리

3. 3단계: 동류항끼리 계산하기

문자항

상수항

4. 4단계: 동류항 계산 결과 덧셈하기

정답

❸ $3(5a + 5) - 2(-4a - 1)$

1. 1단계: 뺄셈식을 덧셈식으로 바꾸기(뺄셈 기호는 덧셈 기호로, 빼는 식의 괄호 안의 부호 바꿈)

식 정리

Level 2

22차시

2. 2단계: 분배법칙으로 괄호 풀어 주기

식 정리

3. 3단계: 동류항끼리 계산 결과 덧셈하기

문자항

상수항

4. 4단계: 동류항 계산 결과 덧셈하기

정답

아 그렇구나! (1~3)

❶ $(2x + 2) + (3y + 1)$을 계산할 때 혼동되는 점은 무엇입니까?

이 문제는 두 괄호식에 들어 있는 문자항의 종류가 다릅니다. $2x$와 $3y$가 일차항이긴 하지만 동류항이 아니므로 같이 더할 수 없습니다. $2x + 3y + 3$이 답입니다.

Level 2
22차시

❷ $(4x + 2) - 2(2x + 3)$을 계산할 때 혼동되는 점은 무엇입니까?

이 문제는 덧셈식으로 바꾸고 분배법칙을 적용하여 괄호를 풀어 준 후, 동류항끼리 모으면 $4x - 4x + 2 - 6$이 됩니다. $4x - 4x = 0x = 0$으로 정답에 x항을 포함하지 않으므로 혼동할 수 있습니다. 정답은 -4입니다.

❸ $(2x^2 + 3) + (-2x + 2)$를 계산할 때 혼동되는 점은 무엇입니까?

$2x^2$과 $-2x$를 x에 대한 동류항이라 생각하고 덧셈을 하려는 경우가 종종 있습니다. 동류항은 무엇입니까? 동류항은 문자뿐만 아니라 차수도 같아야 동류항이 됩니다. $2x^2$은 x에 대한 2차식이고, $-2x$는 x에 대한 일차식이므로 동류항이 아닙니다. $2x^2 + -2x = 0$이 아니므로, 이 식의 답은 $2x^2 + -2x + 5$가 됩니다.

배움 체크하기

오늘 우리가 함께 공부한 것을 혼자서도 할 수 있는지 체크해 봅시다. 혼자서도 할 수 있으면 👍, 선생님의 도움이 더 필요하다면 ?에 동그라미로 표시하세요.

배움 체크 리스트	👍	?
1. 정수와 유리수의 사칙연산을 계산할 수 있습니다.		
2. 덧셈의 역원을 구할 수 있습니다.		
3. 동류항의 의미를 알고, 식의 계산에서 동류항을 찾을 수 있습니다.		
4. 동류항이 아닌 항들은 덧셈이나 뺄셈을 할 수 없다는 것을 이해하고 적용할 수 있습니다.		
5. 문자가 있는 동류항들의 덧셈, 뺄셈은 계수들만 덧셈이나 뺄셈을 한 후 문자를 붙여 주면 된다는 것을 이해하고 적용할 수 있습니다.		
6. 일차식의 뺄셈 문제는 뺄셈 기호를 덧셈 기호로 바꾼 후, 빼는 식의 모든 항의 부호를 반대 부호로 바꾸어 덧셈식으로 바꾸어 계산한다는 것을 이해하고 적용할 수 있습니다.		
7. 덧셈식은 분배법칙을 사용해 괄호를 풀어 준 후, 동류항끼리 모아 계산함을 이해하고 적용할 수 있습니다.		

혼자 풀어 보는 문제(1~7)

오늘 배운 것을 기억하면서 문제를 혼자 풀어 보는 시간입니다. 내비게이션 2.22 를 사용하면 도움이 됩니다.

다음을 계산하시오.

Level 2
22차시

1. $3x - 7x$

2. $-x - 5y$

3. $5a + 4 - 2a - 3$

4. $(13a + 6) + (9a - 4)$

5. $(6y + 5) - (3y - 5)$

6. $4(4x + 3) - 5(-8x + 2)$

7. $2(-3a - 5) + 4(-2a + 3)$

23차시

계수가 유리수인 일차식의 덧셈과 뺄셈

사전평가(1~7)

다음을 계산하시오.

1. $\frac{3}{4}x + \frac{5}{2}x$

2. $\frac{5}{4}a - \frac{7}{2}a$

3. $\frac{1}{2}x + 2 - \frac{5}{6}x + 6$

4. $\frac{2}{3}(6a + 3) + \frac{1}{3}(3a - 6)$

5. $2(6x + 3) - \frac{1}{2}(-8x + 4)$

6. $\frac{2b - 4}{3} + \frac{2b + 3}{4}$

7. $\frac{-2b - 5}{3} - \frac{b + 2}{4}$

보여 주는 문제(1~3)

다음을 계산하시오.

1 $\frac{1}{2}(2x+4)+\frac{2}{3}(3x-9)$

1. 1단계: 뺄셈식이면 덧셈식으로 바꿔 주기

→ 주어진 식은 계수가 유리수인 일차식의 덧셈 문제이므로 이 단계가 필요치 않다.

2. 2단계: 덧셈식이면 분배법칙을 적용하여 괄호 풀어 주기

→ $\frac{1}{2}(2x+4)+\frac{2}{3}(3x-9)$

$=\frac{1}{2}\times 2x+\frac{1}{2}\times 4+\frac{2}{3}\times 3x+\frac{2}{3}\times(-9)$

$=x+2+2x-6$

3. 3단계: 덧셈의 교환법칙을 적용하여 동류항끼리 계산하기

→ $x+2+2x-6=x+2x+2-6$

- 문자항의 계수를 더하고, 문자는 계수의 합 뒤에 쓴다.

  → $x+2x=(1+2)x=3x$

- 상수항끼리 계산한다.

  → $2-6=-4$

4. 4단계: 동류항끼리 계산한 결과 덧셈하기

$\rightarrow 3x - 4$

❷ $\frac{3}{4}(4x + 4) - \frac{1}{3}(6x - 9)$

1. 1단계: 뺄셈식이면 덧셈식으로 바꿔 주기

- 뺄셈 기호를 덧셈 기호로 바꾸고, 빼는 식의 괄호 안에 있는 모든 항의 부호를 반대로 바꿔 준다.

$\rightarrow \frac{3}{4}(4x + 4) - \frac{1}{3}(6x - 9) = \frac{3}{4}(4x + 4) + \frac{1}{3}(-6x + 9)$

2. 2단계: 분배법칙을 적용하여 괄호 풀어 주기

$\rightarrow \frac{3}{4}(4x + 4) + \frac{1}{3}(-6x + 9)$

$= \frac{3}{4} \times 4x + \frac{3}{4} \times 4 + \frac{1}{3} \times -6x + \frac{1}{3} \times 9$

$= 3x + 3 + -2x + 3$

3. 3단계: 덧셈의 교환법칙을 적용하여 동류항끼리 계산하기

$\rightarrow 3x + 3 + -2x + 3 = 3x + -2x + 3 + 3$

- 문자가 있는 항은 계수끼리 더한 후, 문자를 쓴다.

$\rightarrow 3x + -2x = (3-2)x = x$

- 상수항은 상수항끼리 덧셈한다.

→ $3 + 3 = 6$

4. 4단계: 동류항끼리 계산한 결과 덧셈하기

→ $x + 6$

Level 2
23차시

❸ $\dfrac{4x + 2}{3} + \dfrac{x + 3}{2}$

1. 1단계: 뺄셈식이면 덧셈식으로 바꿔 주기

→ 주어진 식은 덧셈식이므로 이 단계가 필요치 않다.

2. 2단계①: 분수 형태로 주어진 일차식은 먼저 괄호와 수의 곱으로 바꿔 주기

- 분자의 일차식은 괄호 안에, 분모에 있는 수는 $\dfrac{1}{수}$ 꼴로 괄호 앞에 쓴다.

→ $\dfrac{4x + 2}{3} + \dfrac{x + 3}{2} = \dfrac{1}{3}(4x + 2) + \dfrac{1}{2}(x + 3)$

3. 2단계②: 분배법칙을 적용하여 괄호 풀어 주기

→ $\dfrac{1}{3}(4x + 2) + \dfrac{1}{2}(x + 3)$

$= \dfrac{1}{3} \times 4x + \dfrac{1}{3} \times 2 + \dfrac{1}{2} \times x + \dfrac{1}{2} \times 3$

$= \dfrac{4}{3}x + \dfrac{2}{3} + \dfrac{1}{2}x + \dfrac{3}{2}$

4. 3단계: 동류항끼리 계산하기

$\rightarrow \frac{4}{3}x + \frac{2}{3} + \frac{1}{2}x + \frac{3}{2} = \frac{4}{3}x + \frac{1}{2}x + \frac{2}{3} + \frac{3}{2}$

- 문자항 계산

$\rightarrow \frac{4}{3}x + \frac{1}{2}x = (\frac{4}{3} + \frac{1}{2})x = \frac{11}{6}x$

- 상수항 계산

$\rightarrow \frac{2}{3} + \frac{3}{2} = \frac{13}{6}$

5. 4단계: 동류항끼리 계산한 결과 덧셈하기

$\rightarrow \frac{11}{6}x + \frac{13}{6}$

함께 풀어 보는 문제(1~3)

식의 값을 구하시오.

1) $\frac{2}{5}(5x + 10) - \frac{2}{3}(3x - 3)$

2) $\frac{3}{5}(4a + 1) + \frac{2}{3}(2a - 2)$

3) $\frac{4x + 2}{3} - \frac{x + 3}{2}$

Level 2
23차시

선생님과 함께 문제를 푸는 동안 문제 풀이를 아래에 적어 보시오.

❶ $\frac{2}{5}(5x + 10) - \frac{2}{3}(3x - 3)$

1. 1단계: 뺄셈식을 덧셈식으로 바꾸기(뺄셈 기호를 덧셈 기호로, 빼는 식의 괄호 안의 부호 바꿈)

식 정리

2. 2단계: 분배법칙으로 괄호 풀어 주기

식 정리

3. 3단계: 동류항끼리 계산하기

문자항

상수항

4. 4단계: 동류항끼리 계산한 결과 덧셈하기

정답

❷ $\frac{3}{5}(4a+1)+\frac{2}{3}(2a-2)$

1. 1단계: 뺄셈식이면 덧셈식으로 바꿔 주기(뺄셈 기호를 덧셈 기호로, 빼는 식의 괄호 안의 부호를 반대 부호로 바꿈)

식 정리

2. 2단계: 분배법칙으로 괄호 풀어 주기

식 정리

Level 2
23차시

3. 3단계: 동류항끼리 계산하기

문자항

상수항

4. 4단계: 동류항끼리 계산 결과 덧셈하기

정답

❸ $\frac{4x+2}{3} - \frac{x+3}{2}$

1. 1단계: 뺄셈식을 덧셈식으로 바꾸기(뺄셈 기호를 덧셈 기호로, 빼는 식의 괄호 안의 부호를 반대 부호로 바꿈)

식 정리

2. 2단계①: 분수식으로 주어진 일차식을 괄호식과 분수의 곱으로 바꿔 주기(분자의 일차식은 괄호 안으로, 분모인 수는 $\frac{1}{수}$로 괄호 앞에 곱해짐)

식 정리

3. 2단계②: 분배법칙으로 괄호 풀어 주기

식 정리

4. 3단계: 동류항끼리 계산하기

문자항

상수항

5. 4단계: 동류항끼리 계산한 결과 덧셈하기

정답

Level 2
23차시

아 그렇구나! (1~3)

❶ $\frac{2}{3}(2x + 2) + \frac{2}{5}(3y - 1)$을 계산할 때 혼동되는 점은 무엇입니까?

이 문제는 두 괄호식에 들어 있는 항의 종류가 다릅니다. $\frac{4}{3}x$와 $\frac{6}{5}y$가 일차항이긴 하지만, 동류항이 아니므로 같이 더할 수 없습니다. $\frac{4}{3}x + \frac{6}{5}y + \frac{14}{15}$가 답입니다.

❷ $\frac{2b - 4}{3} - \frac{2b - 3}{4}$을 계산할 때 혼동되는 점은 무엇입니까?

이 문제는 **보여 주는 문제** 와 **함께 풀어 보는 문제** 에서 풀어 보았던 문제 유형입니다. 이런 유형의 문제가 나왔을 때 혼동을 보이는 경우가 많아서 **아 그렇구나!** 에서 다시 한번 풀어 봅니다. 먼저, 이 문제는 괄호식으로 만들어 주는 게 중요합니다.

→ $\frac{2b - 4}{3} - \frac{2b - 3}{4} = \frac{1}{3}(2b - 4) - \frac{1}{4}(2b - 3)$

다음은 뺄셈 기호를 덧셈 기호로 바꿔 주고, 빼는 식의 괄호 안 모든 항의 부호를 반대 부호로 바꿔 줍니다.

→ $\frac{1}{3}(2b - 4) - \frac{1}{4}(2b - 3) = \frac{1}{3}(2b - 4) + \frac{1}{4}(-2b + 3)$

다음은 덧셈식의 계산이므로, 분배법칙으로 괄호를 풀어 주고 동류항끼리 계산합니다. 정답은 $\frac{1}{6}b - \frac{7}{12}$ 입니다.

3 $(\frac{1}{3}x^2 + \frac{2}{3}) + (-\frac{4}{3}x + \frac{2}{3})$를 계산할 때 혼동되는 점은 무엇입니까?

$\frac{1}{3}x^2$과 $-\frac{4}{3}x$를 x에 대한 동류항이라 생각하고 덧셈을 하려는 경우가 종종 있습니다. 동류항은 무엇입니까? 동류항은 문자뿐만 아니라 차수도 같아야 동류항이 됩니다. $\frac{1}{3}x^2$은 x에 대한 2차식이고, $-\frac{4}{3}x$는 x에 대한 일차식이므로 동류항이 아닙니다. 이 식의 답은 $\frac{1}{3}x^2 - \frac{4}{3}x + \frac{4}{3}$가 됩니다.

배움 체크하기

오늘 우리가 함께 공부한 것을 혼자서도 할 수 있는지 체크해 봅시다. 혼자서도 할 수 있으면 👍, 선생님의 도움이 더 필요하다면 ?에 동그라미로 표시하세요.

배움 체크 리스트	👍	?
1. 정수와 유리수의 사칙연산을 할 수 있습니다.		
2. 덧셈의 역원을 구할 수 있습니다.		
3. 동류항의 의미를 알고, 식의 계산에서 동류항을 찾을 수 있습니다.		
4. 문자에 대해 동류항인 항들은 덧셈이나 뺄셈을 할 때 계수들만 덧셈이나 뺄셈을 한 후 문자를 붙여 주면 된다는 것을 이해하고 적용할 수 있습니다.		
5. 일차식의 뺄셈은 뺄셈 기호를 덧셈 기호로 바꾼 후, 빼는 식의 모든 항의 부호를 반대 부호로 바꾸어 덧셈식으로 바꾸어 계산한다는 것을 이해하고 적용할 수 있습니다.		
6. 덧셈식은 분배법칙을 사용해 괄호를 푼 후, 동류항끼리 모아 계산함을 이해하고 적용할 수 있습니다.		
7. 일차식이 분수 형태로 쓰여 있을 때는 계산을 하기에 앞서 분모를 괄호 앞에 곱하고, 분자에 있는 일차식을 괄호 안에 써넣는 방법을 이해하고 적용할 수 있습니다.		

혼자 풀어 보는 문제(1 ~ 7)

오늘 배운 것을 기억하면서 문제를 혼자 풀어 보는 시간입니다. 내비게이션 2.23 을 사용하면 도움이 됩니다.

다음을 계산하시오.

1. $\frac{3}{2}x + \frac{5}{4}x$

2. $\frac{5}{3}a - \frac{7}{4}a$

3. $-\frac{1}{5}x + 2 - \frac{5}{3}x + 6$

4. $\frac{3}{4}(12a + 8) - \frac{2}{3}(9a - 15)$

5. $3(6x + 3) - \frac{1}{2}(10x + 2)$

6. $\frac{b - 4}{3} + \frac{3b + 3}{4}$

7. $\frac{2b - 5}{3} - \frac{b + 2}{4}$

24차시

일차방정식과 그 해

사전평가(1~7)

다음 문장을 등식으로 나타내시오.

1. 어떤 수 x의 2배는 어떤 수 x에 6을 더한 것과 같다.

2. 우리 반 학생 수는 27명인데, x명은 남자이고 18명은 여자이다.

3. 다음 중 등식을 모두 찾으시오. (답은 3개)

(1) $5 + 4 = 9$

(2) $3x + 2y + 1$

(3) $3 + 2 > 0$

(4) $4 + 7 = 15$

(5) $-2s + 7 = 10$

4. 다음 등식 중 참인 등식을 모두 찾으시오. (답은 2개)

(1) $3 + 4 = 7$　　(2) $3 + 4 > 5$

(3) $x + 1 = 0$　　(4) $x = 1$일 때, $x - 1 = 0$

5. 다음 중 해가 −2인 방정식을 모두 찾으시오. (답은 2개)

(1) $3x + 4 = -2$　　(2) $x - 1 = -\frac{1}{2}$

(3) $-2x - 9 = -3 - 2$　　(4) $x + 1 = -3x + 5$

6. 다음 중 [ ] 안의 수가 주어진 방정식의 해인 것을 모두 찾으시오. (답은 2개)

(1) $2x - 3 = 7$ [−5]　　(2) $-x + 9 = 3$ [−6]

(3) $5(x + 3) = 3 - x$ [−2]　　(4) $\frac{x + 1}{3} = 9$ [$x = 26$]

7. 항등식을 모두 찾으시오. (답은 2개)

(1) $6x = 12$　　(2) $2x + 4 = 2(x + 2)$

(3) $x + 3x = 8x$　　(4) $8 - 2x = -2(x - 4)$

보여 주는 문제(1~3)

1 $(2x + 4) = (3x - 9)$는 등식입니까?

1. 등식인지 아닌지 결정하려면 주어진 식이 등호를 포함하고 있는지 확인
   - 주어진 식은 좌변인 $(2x + 4)$와 우변인 $(3x - 9)$가 등호(=)로 연결되어 있으므로 등식이다.

Level 2

24차시

2 4가 $2x - 6 = \frac{x}{2}$의 해입니까?

1. 어떤 수가 주어진 방정식의 해인지 확인하려면 그 수를 방정식의 x값에 대입했을 때 그 등식이 참이 되는지 확인
   - x 대신 4를 주어진 식에 넣어 본다.

     $\rightarrow 2 \times 4 - 6 = \frac{4}{2}$
   - 좌변값과 우변값이 같은지 확인한다.

     $\rightarrow 2 = 2$
   - 등식이 성립하므로 4는 $2x - 6 = \frac{x}{2}$의 해이다.

3 $4(x-1)=4x-4$가 x값에 관계없이 항상 참입니까?

1. 항등식인지 확인하려면 좌변과 우변을 각각 간단하게 정리했을 때 좌변과 우변이 같은 식이 나오는지 확인
   - 좌변은 $4(x-1)=4x-4$
   - 우변은 $4x-4$
   - 좌변 = 우변 = $4x-4$가 되므로 $4(x-1)=4x-4$는 항등식이다.

함께 풀어 보는 문제(1~3)

다음을 확인하시오.

1) $\frac{2}{5}x - \frac{2}{5}y + 10$은 등식입니까?

2) $a = 1$이 $\frac{2}{3}(2a - 2) = 0$의 해입니까?

3) $\frac{3x + 9}{3} = x + 4$는 항등식입니까?

Level 2
24차시

선생님과 함께 문제를 푸는 동안 문제 풀이를 아래에 적어 보시오.

1 $\frac{2}{5}x - \frac{2}{5}y + 10$은 등식입니까?

확인 포인트

정답

❷ $a = 1$이 $\frac{2}{3}(2a - 2) = 0$의 해입니까?

확인 포인트

정답

❸ $\frac{3x + 9}{3} = x + 4$는 항등식입니까?

확인 포인트

정답

아 그렇구나! (1~3)

❶ $2 + 4 = 8$이 등식인지 등식이 아닌지 결정할 때 혼동되는 점은 무엇입니까?

등식은 등호(=)를 사용하여 수량 사이의 관계를 나타낸 식을 말합니다. 주어진 식에는 등호가 사용되었고, 등호를 중심으로 좌변과 우변에 수량이 써 있기 때문에 등식의 정의에 알맞는 예입니다. 하지만 $2 + 4 = 6$이지 8이 아니기 때문에 등식인지 결정하기가 어려울 수 있습니다. 등식에는 참인 등식이 있고 거짓인 등식이 있습니다. 주어진 문제는 거짓인 등식입니다. 거짓인 등식도 등식이므로 $2 + 4 = 8$은 등식입니다.

❷ 방정식 $3x + 5 = 14$가 참인 등식인지 거짓인 등식인지 결정할 때 혼동되는 점은 무엇입니까?

방정식 $3x + 5 = 14$는 등호(=)를 사용하여 좌변과 우변의 수량이 동일하다는 것을 나타내는 식이기 때문에 등식입니다. 주어진 방정식은 방정식의 해인 $x = 3$에서만 좌우변의 등호가 성립되므로 $x = 3$일 경우만 참인 등식입니다. 그 외의 경우에는 주어진 방정식은 거짓인 등식이 됩니다.

3 $4x = 12$와 $5(x - 4) = 3(x + 2) + 2(x - 13)$ 중 어떤 식이 항등식인지 결정해야 할 때 혼동되는 점은 무엇입니까?

주어진 두 식은 모두 등호를 사용하여 좌변과 우변의 수량이 동일함을 나타내었으므로 등식입니다. $4x = 12$는 $x = 3$일 때만 참인 등식이므로 방정식입니다. $5(x - 4) = 3(x + 2) + 2(x - 13)$은 양변의 식을 정리하면 좌변 $5(x - 4) = 5x - 20$이고, 우변 $3(x + 2) + 2(x - 13) = 5x - 20$입니다. 좌우변이 동일하여 x가 어떤 값을 갖더라도 양변의 값은 항상 같으므로 $5(x - 4) = 3(x + 2) + 2(x - 13)$은 항등식입니다. 어떤 등식이 항등식인지 확인하려 할 때는 일일이 모든 수를 x에 대입하여 확인할 수 없으므로 좌우변을 간단히 정리하여 동일한 식이 나오는지를 확인하면 됩니다.

배움 체크하기

오늘 우리가 함께 공부한 것을 혼자서도 할 수 있는지 체크해 봅시다. 혼자서도 할 수 있으면 , 선생님의 도움이 더 필요하다면 ?에 동그라미로 표시하세요.

배움 체크 리스트		?
1. 일차식과 수의 곱셈, 일차식끼리의 덧셈과 뺄셈을 할 수 있습니다.		
2. 등식, 항등식, 방정식, 해, 근, 미지수의 의미를 이해합니다.		
3. 미지수가 포함된 문장을 미지수가 포함된 방정식으로 나타낼 수 있습니다.		
4. 방정식은 등식이며, 미지수값에 따라 참이 되기도 하고 거짓이 되기도 하는 등식임을 이해합니다.		
5. 방정식이 참인 등식이 되게 하는 미지수의 값을 방정식의 해 또는 근이라 함을 이해합니다.		
6. 어떤 수가 주어졌을 때, 그 수를 방정식의 미지수에 대입하여 그 수가 방정식의 해인지 결정한다는 것을 이해하고 적용할 수 있습니다.		
7. 항등식은 미지수가 어떤 값을 갖더라도 등식이 항상 참인 경우를, 방정식은 방정식의 해에 대해서만 등식이 참인 경우임을 이해하고 항등식과 방정식을 구별할 수 있습니다.		

혼자 풀어 보는 문제(1 ~ 7)

오늘 배운 것을 기억하면서 문제를 혼자 풀어 보는 시간입니다. 내비게이션 2.24 를 사용하면 도움이 됩니다.

1 다음 문장을 등식으로 나타내시오.

어떤 수 x의 3배에 4를 뺀 값은 어떤 수 x의 두 배에 6을 더한 것과 같다.

2 다음 문장을 등식으로 나타내시오.

민정이와 지민이의 나이를 합하면 27살인데, 민정이 나이는 14살이고 지민이 나이는 x살이다.

3 다음 중 등식을 모두 찾으시오. (답은 3개)

(1) $6 + 5 = 11$ (2) $2x - 2y + 1$

(3) $5 - 2 > 0$ (4) $7 + 7 = 15$

(5) $-4s - 6 = 10$

4 다음 등식 중 참인 등식을 모두 찾으시오. (답은 2개)

(1) $3 + 9 = 12$

(2) $6 + 4 > 5$

(3) $x + 1 = 0$

(4) $x = 2$일 때, $x - 2 = 0$

5 다음 중 해가 -1인 방정식을 모두 찾으시오. (답은 2개)

(1) $4x + 3 = -1$

(2) $-\frac{1}{3}x - 1 = -\frac{2}{3}$

(3) $-2x - 9 = -3 - 2$

(4) $-x + 1 = -3x + 3$

Level 2
24차시

6 다음 중 [ ] 안의 수가 주어진 방정식의 해인 것을 모두 찾으시오. (답은 2개)

(1) $2x - 7 = 17$ [-5]

(2) $-x + 9 = 3$ [6]

(3) $4(2x + 3) = 8 - 2x$ [-2]

(4) $\frac{2x + 2}{4} = 5$ [$x = 9$]

7 항등식을 모두 찾으시오. (답은 2개)

(1) $4x = 12$

(2) $3x + 9 = 3(x + 3)$

(3) $x + 3x = 4x$

(4) $8 - 2x = -2(4 - x)$

25차시

등식의 성질을 이용하여 일차방정식의 해 구하기

사전평가 (1~4)

1. $x + 10 = 50 + 10$일 때, x값을 구하시오.

2. $2x - 20 = 200 - 20$일 때, $2x$의 값을 구하시오.

3. 등식의 성질을 이용해서 방정식을 풀 때, 처음 빈칸에는 들어갈 알맞은 수를, 두 번째 빈칸에는 연산(+, −, ×, ÷) 중 하나를, 마지막 빈칸에는 구해진 x값을 써넣으시오.

$-5x = 10$ ➡ 양변에 ______를 ______ ➡ $x =$ ____________

4. 등식의 성질을 이용해서 다음 방정식을 풀어 보시오.

(1) $2x + 2 = 16$

(2) $-4x - 3 = 9$

(3) $\frac{x}{3} + 8 = 6$

(4) $\frac{5}{3}x = -20$

보여 주는 문제(1~3)

1 $2x+4=-2$를 $2x=-6$으로 바꿨을 때, 이용된 등식의 성질이 무엇인지 생각해 보시오.

1. 1단계: 두 등식을 등호를 중심으로 줄을 맞춰 두 줄로 쓰기

→ $2x+4=-2$

$2x\quad\quad=-6$

2. 2단계: 두 식 사이의 차이 확인하기

- 좌변의 상수항이나 우변의 미지수항이 제거되었는지, $x=$ 상수 꼴로 변화되는지 확인한다.
- 이 문제에서는 좌변의 상수항이 제거되었다.

→ $2x+4=-2$

$2x\quad\quad=-6$

3. 3단계: 첫 번째 식을 두 번째 식으로 만들기 위해 적용된 등식의 성질 결정하기

- 주어진 문제에서는 좌변의 상수항을 제거하기 위해 -4를 양변에 더하였으므로 양변에 같은 수(-4)를 더해도 등식은 성립한다는 성질이 적용되었다.

❷ $\frac{x}{2} = 10$을 $x = 20$으로 바꿨을 때, 어떤 등식의 성질을 사용했는지 생각해 보시오.

1. 1단계: 두 등식을 등호를 중심으로 줄을 맞춰 두 줄로 쓰기

→ $\frac{x}{2} = 10$

$x = 20$

2. 2단계: 두 식 사이의 차이 확인하기

- 좌변의 상수항이나 우변의 미지수항이 제거되었는지, $x =$ 상수 모양으로 변화되는지 확인한다.
- 이 문제에서는 $x =$ 상수 모양으로 변화되었다.

→ $\frac{x}{2} = 10$

$x = 20$

3. 3단계: 첫 번째 식을 두 번째 식으로 만들기 위해 적용된 등식의 성질 결정하기

- 주어진 식에서는 x의 계수인 $\frac{1}{2}$로 양변이 나뉘어 $x =$ 상수 모양이 되었다.
- 양변을 같은 수로 나눠 줘도 등식은 성립한다는 성질이 적용되었다.

3 등식의 성질을 이용하여 방정식 $4x - 1 = -9$를 풀어 보시오.

1. 1단계: 좌변의 상수항 제거하기
   - 좌변에 미지수항만 남기려면 좌변의 상수항을 제거해야 한다.
   - 좌변의 상수항은 -1이므로 -1과 절댓값은 같으나 반대 부호를 가진 수 $+1$을 양변에 덧셈한다.
   - 양변에 같은 수를 더해도 등식은 성립한다는 등식의 성질이 적용된다.

$$\begin{array}{rrcl} & 4x - 1 & = & -9 \\ + & +1 & = & +1 \\ \hline & 4x & = & -8 \end{array}$$

2. 2단계: 우변의 미지수항 제거하기
   - $4x = -8$은 우변에 미지수항이 없고 상수항만 있다.

Level 2
25차시

3. 3단계: 좌변 x항의 계수로 양변을 나눠 주기
   - 양변을 같은 수로 나누어도 등식은 성립한다는 등식의 성질이 적용된다.
   - $4x$의 계수인 4로 양변을 나눈다.

$$\begin{array}{rrcl} & 4x & = & -8 \\ \div & 4 & = & 4 \\ \hline & x & = & -2 \end{array}$$

   - 방정식의 해는 -2

함께 풀어 보는 문제(1~3)

다음 방정식을 풀어 보시오.

1) $-7x = 14$

2) $5x - 9 = 15 - 3x$

3) $\frac{5}{2}x - 4 = 11$

선생님과 함께 문제를 푸는 동안 문제 풀이를 아래에 적어 보시오.

1 $-7x = 14$

1. 1단계: 좌변의 상수항 제거하기

적용된 등식의 성질

식

2. 2단계: 우변의 미지수항 제거하기

적용된 등식의 성질

식

3. 3단계: 좌변 x항의 계수로 양변을 나눠 주기

적용된 등식의 성질

식

해

2 $5x - 9 = 15 - 3x$

1. 1단계: 좌변의 상수항 제거하기

적용된 등식의 성질

식

2. 2단계: 우변의 미지수항 제거하기

적용된 등식의 성질

식

3. 3단계: 좌변 x항의 계수로 양변을 나눠 주기

적용된 등식의 성질

식

해

❸ $\frac{5}{2}x - 4 = 11$

1. 1단계: 좌변의 상수항 제거하기

적용된 등식의 성질

식

2. 2단계: 우변의 미지수항 제거하기

적용된 등식의 성질

식

3. 3단계: 좌변 x항의 계수로 양변을 나눠 주기

적용된 등식의 성질

식

해

아 그렇구나! (1~3)

❶ $4a + 5 = 4b + 5$이면 $-2a - 1 = -2b - 1$이 참인지 거짓인지 등식의 성질을 이용하여 확인할 때 혼동되는 점은 무엇입니까?

주어진 문제를 풀기 위해서는 적어도 세 개 이상의 등식의 성질을 이용하여야 합니다. 먼저, $4a + 5 = 4b + 5$의 양변에 -5를 더해 주어 식을 $4a = 4b$로 만듭니다. 다음은 양변을 -2로 나누어 $-2a = -2b$로 만듭니다. 그다음에 양변에 -1을 더하면 식은 $-2a - 1 = -2b - 1$이 되므로 $-2a - 1 = -2b - 1$은 참인 등식이 됩니다. 등식의 성질을 여러 개 사용하여 주어진 식을 바꿔야 하는 경우에는 사용할 등식의 성질을 결정하고 그 순서를 정하는 일을 어려워하는 경우가 많습니다.

❷ 등식의 성질을 이용하여 방정식 $\frac{2}{3}x + 5 = 13$을 풀 때 혼동되는 점은 무엇입니까?

방정식 $\frac{2}{3}x + 5 = 13$을 등식의 성질을 이용해서 풀 때는, 먼저 양변에 -5를 더하여($\frac{2}{3}x + 5 + -5 = 13 + -5$) 좌변에는 미지수항만, 우변에는 상수항만 남게 합니다($\frac{2}{3}x = 8$). 다음은 x값을 구하기 위해 x항의 계수로 양변을 나누어 주어($\frac{2}{3}x \div \frac{2}{3} = 8 \div \frac{2}{3}$) $x = 8 \times \frac{3}{2} = 12$를 얻게 됩니다. 어떤 학생들은 $\frac{2}{3}x = 8$을 구한 후 x값을 구하기 위해 양변

을 $\frac{2}{3}$로 나눌 때 $8 \div \frac{2}{3}$로 하지 않고 $\frac{2}{3} \div 8$로 계산하여 오답을 내는 경우가 있습니다. 나눗셈에 대해서는 교환법칙이 성립하지 않으므로 나눗셈에 대한 등식의 성질을 이용해서 문제를 풀 때 계산 순서에 주의해야 합니다.

❸ 등식의 성질을 이용하여 방정식 $5(x - 4) = 3(x + 2) + 2$를 풀 때 혼동되는 점은 무엇입니까?

주어진 방정식을 풀기 위해서는, 먼저 분배법칙을 사용하여 괄호를 푸는 것부터 시작해야 합니다. $5(x - 4) = 3(x + 2) + 2$를 괄호를 풀어 정리하면 $5x - 20 = 3x + 8$이 됩니다. 그다음 양변에 $+20$과 $-3x$를 차례로 더하면 $2x = 28$이 됩니다. 마지막으로, 양변을 2로 나눠 주면 $x = 14$가 됩니다.

배움 체크하기

오늘 우리가 함께 공부한 것을 혼자서도 할 수 있는지 체크해 봅시다. 혼자서도 할 수 있으면 , 선생님의 도움이 더 필요하다면 ?에 동그라미로 표시하세요.

배움 체크 리스트		?
1. 일차식과 수의 곱셈, 일차식끼리의 덧셈과 뺄셈을 할 수 있습니다.		
2. 등식, 항등식, 방정식, 해, 근, 미지수의 의미를 이해합니다.		
3. 양변에 같은 수를 더해도 등식은 성립한다는 것을 이해하고 방정식 풀이에 적용할 수 있습니다.		
4. 양변에 같은 수를 빼더라도 등식은 성립한다는 것을 이해하고 방정식 풀이에 적용할 수 있습니다.		
5. 양변에 같은 수를 곱하더라도 등식은 성립한다는 것을 이해하고 방정식 풀이에 적용할 수 있습니다.		
6. 양변을 같은 수로 나누더라도 등식은 성립한다는 것을 이해하고 방정식 풀이에 적용할 수 있습니다.		
7. 방정식 풀이 과정은 좌변을 x항만 남기고 우변을 상수항만 남기는 과정임을 이해하고 적용할 수 있습니다.		

혼자 풀어 보는 문제(1~7)

오늘 배운 것을 기억하면서 문제를 혼자 풀어 보는 시간입니다. 내비게이션 2.25 를 사용하면 도움이 됩니다.

❶ $a + 3 = 100 + 3$일 때, a값을 구하시오.

❷ $2a - 5 = 300 - 5$일 때, $2a$값을 구하시오.

3 등식의 성질을 이용해서 방정식을 풀 때, 처음 빈칸에는 들어갈 알맞은 수를, 두 번째 빈칸에는 연산을, 마지막 빈칸에는 구해진 x값을 써넣으시오.

$-7x = 14$ ➡ 양변에 ______ 을/를 ______ ➡ $x =$ ____________

4 등식의 성질을 이용해서 다음 방정식을 풀어 보시오.

(1) $3x - 2 = 16$

(2) $-5x - 6 = 9$

(3) $\frac{x}{3} + 9 = 5$

(4) $\frac{7}{3}x = -28$

26차시

이항을 이용하여 일차방정식의 해 구하기

사전평가(1~7)

다음 방정식에서 밑줄 친 항을 이항해 보시오.

1. $\underline{2} + 2x = \underline{x} + 4$

2. $x + \underline{3} = 4$

다음 일차방정식을 풀어 보시오.

3. $3x - 1 = -7$

4. $x - 3 = -2x + 6$

5. $-4x - 9 = -3x$

6. $3(4x - 4) = 6x + 12$

7. $x + 4 - 2(6 - 3x) = 6$

보여 주는 문제(1~3)

다음을 계산하시오.

1 이항을 이용하여 방정식 $2x+3=-3$을 풀어 보시오.

1. 1단계: 좌변의 상수항을 부호를 바꿔서 우변으로 이항하기

$\rightarrow 2x+3=-3$

$2x=-3-3$

$2x=-6$

2. 2단계: 우변에 있는 x항을 좌변으로 부호를 바꿔서 이항하기

- 주어진 방정식에는 우변에 x항이 없다.

Level 2
26차시

3. 3단계: 좌변의 x항의 계수로 양변을 나누기

$\rightarrow 2x=-6$

$2x\div 2=-6\div 2$

$x=-3$

② 이항 절차를 이용하여 방정식 $3x - 4 = -x + 4$를 풀어 보시오.

1. 1단계: 좌변의 상수항을 부호를 바꿔서 우변으로 이항하기

$\rightarrow 3x - 4 = -x + 4$

$3x = -x + 4 + 4$

$3x = -x + 8$

2. 2단계: 우변에 있는 x항을 좌변으로 부호를 바꿔서 이항하기

$\rightarrow 3x = -\boldsymbol{x} + 8$

$3x + \boldsymbol{x} = 8$

$4x = 8$

3. 3단계: 좌변의 x항의 계수로 양변을 나누기

$\rightarrow 4x = 8$

$4x \div 4 = 8 \div 4$

$x = 2$

③ 이항 절차를 이용하여 방정식 $2(2x - 4) = -2x + 4$를 풀어 보시오.

1. 1단계: 분배법칙을 적용하여 괄호 풀기

$\rightarrow 2(2x - 4) = -2x + 4$

$\boldsymbol{4x - 8} = -2x + 4$

2. 2단계: 좌변의 상수항을 부호를 바꿔 우변으로 이항하기

→ $4x - 8 = -2x + 4$

$4x = -2x + 4 + 8$

$4x = -2x + 12$

3. 3단계: 우변에 있는 x항을 좌변으로 부호를 바꿔서 이항하기

→ $4x = \mathbf{-2x} + 12$

$4x + \mathbf{2x} = 12$

$6x = 12$

4. 4단계: 좌변의 x의 계수로 양변을 나누기

→ $6x = 12$

$6x \div 6 = 12 \div 6$

$x = 2$

Level 2
26차시

함께 풀어 보는 문제(1~3)

이항을 이용하여 다음 방정식을 풀어 보시오.

1) $-7x - 2 = 14 + 9x$

2) $5x - 9 = 15 - 3x$

3) $4(\frac{5}{2}x - 4) = \frac{1}{2}(12 - 2x)$

선생님과 함께 문제를 푸는 동안 문제 풀이를 아래에 적어 보시오.

❶ $-7x - 2 = 14 + 9x$

1. 1단계: 좌변의 상수항을 우변으로 이항하기

이항

식

2. 2단계: 우변의 미지수항을 좌변으로 이항하기

이항

식

3. 3단계: 좌변 x항의 계수로 양변을 나눠 주기

이항

식

해

Level 2
26차시

❷ $5x - 9 = 15 - 3x$

1. 1단계: 좌변의 상수항을 우변으로 이항하기

이항

식

2. 2단계: 우변의 미지수항을 좌변으로 이항하기

이항

식

3. 3단계: 좌변 x항의 계수로 양변을 나눠 주기

이항

식

해

❸ $4(\frac{5}{2}x - 4) = \frac{1}{2}(12 - 2x)$

1. 1단계: 분배법칙을 적용하여 괄호 풀기

2. 2단계: 좌변의 상수항을 우변으로 이항하기

이항

식

3. 3단계: 우변의 미지수항을 좌변으로 이항하기

이항

식

Level 2
26차시

4. 4단계: 좌변 x항의 계수로 양변을 나눠 주기

이항

식

해

아 그렇구나! (1~3)

❶ $0.3a + 1.2 = 0.08$의 해를 구할 때 혼동되는 점은 무엇입니까?

주어진 방정식을 풀기 위해서는 먼저 소수인 계수나 상수항을 정수로 바꿔야 합니다. 주어진 식에 있는 모든 항을 정수인 계수나 상수항으로 만들기 위해서는 100을 양변에 곱해야 하는데, 양변에 10을 곱하여 $3a + 12 = 0.8$로 바꾸고 소수의 계산에서 실수를 하는 경우가 있습니다. 소수 계수나 항을 포함하는 방정식의 해를 구할 때는 소수점 이하 자릿수가 가장 많은 항을 정수로 만들 수 있는 10의 제곱수를 모든 항에 곱해줘야 합니다. 이 문제에서는 다른 두 항은 소수점 이하 자리가 한 자리이지만 0.08의 소수점 이하 자리가 2자리이므로, 0.08을 정수로 만들기 위해 모든 항에 100을 곱하여 $30a + 120 = 8$로 바꾼 후 방정식을 풀면 실수를 줄일 수 있습니다.

❷ $\frac{x-2}{4} = \frac{x}{3} + 1$을 풀 때 혼동되는 점은 무엇입니까?

방정식 $\frac{x-2}{4} = \frac{x}{3} + 1$을 풀기 위해서는 이항을 하기 전에 먼저 분수식을 계수가 정수인 식으로 바꿔 주어야 합니다. 분수식을 계수가 정수인 식으로 바꾸기 위해서는 양변에 4와 3의 최소공배수인 12를 곱하여 $12(\frac{x-2}{4}) = 12(\frac{x}{3} + 1)$을 정리한 후, 이항 절차를 사용하여 해를 구해야 합니다. 하지만 12를 x가 있는 항에만 곱해 주어 $\{12(\frac{x-2}{4}) = 12\frac{x}{3} + 1\}$로 정리하여 오답을 내는 경우가 있습니다. 분수가 계수인 방정식을 풀 때는 양변의 모든 항에 같은 수(분모들의 최소공배수)를 곱해 주어야 한다는 것을 기억해야 합니다.

❸ 방정식 $4x - (2x - 3) = 3$을 풀 때 혼동되는 점은 무엇입니까?

주어진 방정식을 풀기 위해서는 먼저 분배법칙을 사용하여 괄호를 푸는 것부터 시작해야 합니다. 괄호를 풀어 정리하면 $4x - 2x + 3 = 3$이 되어야 하는데, 괄호를 푸는 과정에서 실수하여 $4x - 2x - 3 = 3$으로 바꾸는 경우가 있습니다. 괄호를 제대로 푼 경우에도 $4x - 2x + 3 = 3$을 이항 정리하여 $2x = 0$으로 만든 다음 x를 구하기 위해 양변을 2로 나눠서 해를 구해야 하는데, $x = 0 \div 2 = 0$임을 알지 못하면 오답을 냅니다. 0을 제외한 어떤 수로 나누면 답은 0이 됩니다.

배움 체크하기

오늘 우리가 함께 공부한 것을 혼자서도 할 수 있는지 체크해 봅시다. 혼자서도 할 수 있으면 👍, 선생님의 도움이 더 필요하다면 ?에 동그라미로 표시하세요.

배움 체크 리스트	👍	?
1. 일차식과 수의 곱셈, 일차식끼리의 덧셈과 뺄셈을 할 수 있습니다.		
2. 등식, 항등식, 방정식, 해, 근, 미지수의 의미를 이해합니다.		
3. 이항의 의미를 알고, 이항을 사용하여 일차방정식을 풀 수 있습니다.		
4. 일차방정식을 풀 때, 좌변의 상수항을 우변으로 이항하면 상수항이 절댓값은 같지만 부호만 반대가 된다는 것을 이해하고 적용할 수 있습니다.		
5. 우변의 미지수항을 좌변으로 이항하면 미지수항의 부호가 반대가 된다는 것을 이해하고 적용할 수 있습니다.		
6. 이항 후 정리한 식이 $ax = b(a \neq 0)$가 되었을 때, 등식의 성질을 이용하여 양변을 x항의 계수로 나누어서 x를 구한다는 것을 이해하고 적용할 수 있습니다.		
7. 괄호가 있는 등식은 분배법칙을 이용하여 괄호를 먼저 푼 후, 이항 절차를 적용하여 방정식의 해를 구한다는 것을 이해하고 적용할 수 있습니다.		

혼자 풀어 보는 문제(1~7)

오늘 배운 것을 기억하면서 문제를 혼자 풀어 보는 시간입니다. 내비게이션 2.26 을 사용하면 도움이 됩니다.

다음 밑줄 친 항을 이항해 보시오.

1. $\underline{1} + 3x = \underline{-x} + 3$

Level 2
26차시

2. $2x \underline{- 4} = -3$

이항을 이용하여, 다음 일차방정식을 풀어 보시오.

3. $2x + 1 = -9$

4. $x - 1 = -x + 5$

5. $-5x - 8 = -3x$

6. $3(2x - 5) = -6x - 3$

7. $x + 2 - 3(3 - 2x) = 7$

저자 소개

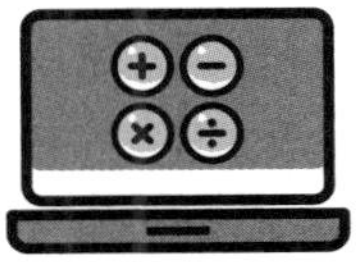

김선아(Kim, Sun A)

서울대학교 심리학과 학사, 석사

오스틴 텍사스 주립대학(University of Texas at Austin)
특수교육 박사(수학 학습장애 전공)

Meadow Center for Preventing Educational Risk,
Post-Doctoral 연구원

현 미국 뉴욕 시립대학교 퀸즈 칼리지 특수교육 대학원 교수
(City University of New York, Queens College,
Graduate Programs in Special Education)

학생용 **Level 2**

기초학력 향상을 위한
눈으로 보는 수학

2022년 5월 25일 1판 1쇄 인쇄
2022년 5월 30일 1판 1쇄 발행

지은이 • 김선아
펴낸이 • 김진환
펴낸곳 • (주) 학지사
04031 서울특별시 마포구 양화로 15길 20 마인드월드빌딩
대표전화 • 02)330-5114 팩스 • 02)324-2345
등록번호 • 제313-2006-000265호

홈페이지 • http://www.hakjisa.co.kr
페이스북 • https://www.facebook.com/hakjisabook

ISBN 978-89-997-2644-6 93370

정가 17,000원